臺灣歷史與文化 研究輯刊

二十編

第 10 冊

從文學類型角度探討基隆文學的特色(下)

賴桂貞 著

花木蘭文化事業有限公司

國家圖書館出版品預行編目資料

從文學類型角度探討基隆文學的特色（下）／賴桂貞 著 -- 初
版 -- 新北市：花木蘭文化事業有限公司，2021〔民110〕
目 4+184 面；19×26 公分
（臺灣歷史與文化研究輯刊二十編；第 10 冊）
ISBN 978-986-518-557-2（精裝）
1. 臺灣文學 2. 地方文學 3. 文學評論
733.08   110011284

ISBN-978-986-518-557-2

9 789865 185572

臺灣歷史與文化研究輯刊
二十編 第 十 冊   ISBN：978-986-518-557-2

從文學類型角度探討基隆文學的特色(下)

作　　者　賴桂貞
總 編 輯　杜潔祥
副總編輯　楊嘉樂
編　　輯　許郁翎、張雅淋、潘玟靜　美術編輯　陳逸婷
出　　版　花木蘭文化事業有限公司
發 行 人　高小娟
聯絡地址　235　新北市中和區中安街七二號十三樓
　　　　　電話：02-2923-1455 ／傳真：02-2923-1452
網　　址　http://www.huamulan.tw 信箱 service@huamulans.com
印　　刷　普羅文化出版廣告事業
初　　版　2021 年 9 月
全書字數　254780 字
定　　價　二十編 14 冊（精裝）台幣 35,000 元

從文學類型角度探討基隆文學的特色(下)

賴桂貞　著

目

次

圖目次

第五章　基隆之新文學

　　一群有共識之人成立社團，藉刊物為傳播媒介，鼓吹運動，日治時期因國際情勢變遷，致使臺灣在學術思想上產生極大的變數，三大學術運動，經過激烈論戰，打破古典文學的沉寂。新文學以五四運動後至第二次大戰結束之日本統治時期為現代文學，中華民國到臺灣時期則為當代文學。

第一節　日治時期

一、時代背景

　　因為改朝換代，語言的運用為當局所迫必須轉換，又因五四運動的影響，知識分子對傳統文學大肆批判，於是有新文學的產生。

1. 對語言作文的改革

　　文學與知識是藉由語文而表達，且語文乃日常生活所用，然因統治者政策使然，在臺灣語文的運用首次遭遇劇變，是在日治時期日本官方為要鞏固對臺政權，欲廢除漢文，並推動日語教育；然語文習慣的改變並非一朝一夕，需一段適應時期，因此在 1895～1937 年間，日本剛接收台灣至中日盧溝橋事變之間，漢文、日文並用，所以期間也產生許多以日文創作的文學家如周金波等，惟在昭和 12 年（1937）太平洋戰爭後，為加速皇民化運動，明令禁止使用漢文，必須使用日文、日語，鼓勵「國語家庭」，當時一般庶民並無激烈反抗，因語言只是溝通工具，且在日治約四十年間，日語在官方推行下，日語漸漸成為當下生活語言，人民對於語言政策雖有微詞亦不至於有暴動。昭和 18 年（1943）11 月 13 日臺灣總督府以臺灣文學奉公會的名義在臺北舉行

「臺灣決戰文學會議」，此會議對戰時文壇最大的衝擊有二：一是臺灣作家都必須在戰爭的立場上表態，一是文藝刊物不能夠繼續分為《臺灣文學》與《文藝臺灣》兩個陣營，而必須被迫合併，文學雜誌都必須接受言論限制〔註1〕，臺灣面臨被「同化」，亦即「日本化」「去臺灣化」，引起臺灣知識分子的危機意識，因此知識分子憂心忡忡，深怕臺灣文化消失。

2. 對舊文學的批判

1920 年代五四運動以後，新文學運動以反封建舊思想、反帝國主義與批判現實的精神為基調，是屬寫實主義，是新文學萌芽階段，1930 年代之後，以留日學生為主，第一次鄉土論戰之後，逐漸將方言融入小說、新詩中，新文學崛起，昭和 8 年（1933）「南雅社」基隆網珊吟社社員李春霖創刊發行《南雅文藝雜誌》，該雜誌追求雅俗兼俱、文白兼顧的閱讀趣味，新文學在此時期嶄露鋒芒，成果可觀。

張我軍（1902~1955）於大正 13 年（1924）在《臺灣民報》發表〈致臺灣青年的一封信〉向舊文人宣戰，稱舊文人為「不良老人們」〔註2〕，把白話文學導入新文學運動，猛烈攻擊傳統禮教、擊鉢詩學，引發新舊文學論爭，主要目標是：摧毀文言文並把「臺灣白話文」改良回歸於中國之支流。

日治中葉時期的臺灣，正處於文學的戰國時代，有白話文學論戰、新舊文學論戰，有鄉土論戰，最後鄉土文學融合新文學，一反過去以古典文學為主流，皇民化運動以政治力量終結新文學，甚至古典文學，皇民文學趁勢崛起，大時代的環境影響學術的浮沉，臺灣心繫對岸的祖國，卻又身陷在殖民統治中，在建構自主文學上，充滿困惑與苦悶。

二、社團與刊物

（一）社團

臺灣文藝協會

昭和 8 年（1933）廖漢臣與郭秋生創臺灣文藝協會，發行《先發部隊》。《先發部隊》乃是臺灣文藝協會在昭和 9 年（1934）創刊的文學雜誌，是白話文刊物，僅發行一期。昭和 10 年（1935）因應臺灣總督府的要求，接納一

〔註 1〕陳芳明，《臺灣新文學史》（臺北：聯經出版社，2011 年），頁 185。
〔註 2〕聯合報副刊編輯，《臺灣新文學發展重大事件論文集》（臺南：國家臺灣文學館，2004 年），頁 17。

部分日文作品，更名為《第一線》，由廖漢臣主編，也只刊行一期。臺灣文藝協會，是臺灣日治時期居住在臺北的臺灣作家所組織的文藝團體，雖然該協會與雜誌的存在時間極短，但是在凝聚臺灣作家的向心力方面，有相當重要的地位。另於昭和 9 年（1934）組織「臺灣文藝聯盟」幾乎全省作家皆參加此一組織，是年發行《臺灣文藝》，收錄中日文小說、詩歌、隨筆、評論。〔註3〕臺灣文藝聯盟是由張深切等人主導，串連全臺文化人士建立的文藝團體。臺灣文藝聯盟的組成，最重要的目的是針對日本殖民政府的壓迫進行反動，逐漸讓「臺灣」凝聚成一個共識，成為自主的空間，〔註4〕但最終仍不敵政治力量的介入而瓦解。

（二）刊物

昭和15 年（1940）一月為紀念日本開國二千六百年，由西川滿發起，創立臺灣文藝家協會，發行《文藝臺灣》，編輯委員臺籍人士有周金波、龍瑛宗、陳火泉、黃得時、楊雲萍、邱炳南、張文環、葉石濤等〔註5〕，重要作品在小說方面，有西川滿《赤崁記》、《採硫記》、《臺灣縱貫鐵道》，周金波《水癌》、《志願兵》……等。昭和 16 年（1941）張文環因不滿西川滿之作風，發起創刊《臺灣文學》，與《文藝臺灣》別一苗頭〔註6〕，決戰文學，煙硝味濃。昭和 16 年（1941）殖民主義者又成立「皇民奉公會」發行《臺灣文藝》〔註7〕，提倡皇民文學，皇民文學或稱奉公文學，隨著戰爭局勢越來越急迫，日本政府加速推行皇民化運動，所以《文藝臺灣》與《臺灣文學》同時於昭和 18 年（1943）十月廢刊，一連串的文學競賽，皆與政治有關，因有政治背景支撐，皇民文學稱霸全臺。

三、作家作品

（一）作品主題趨向

汲取白話文運動的精神，以白話文為書寫主體，臺語中以閩南語為寫作

〔註 3〕黃武忠，《日據時期台灣新文學作家小傳》，（台北市：時報出版社，1980 年），頁 17。
〔註 4〕楊傑銘，〈論日治時期《臺灣文藝》與《臺灣新文學》中魯迅思想的傳播與接受〉，《國史館館刊》第 26 期（2010 年 12 月），頁 54。
〔註 5〕黃武忠，《日據時期臺灣新文學作家小傳》，頁 18。
〔註 6〕黃武忠，《日據時期臺灣新文學作家小傳》，頁 18。
〔註 7〕黃武忠，《日據時期臺灣新文學作家小傳》，頁 18。

的話語，以在地文物為描繪主題，昭和 8 年（1933）廖漢臣目睹臺灣經濟不景氣失業率高，為三餐溫飽，即使做些不名譽的事也是極不得已。

廖漢臣（1912～1980） 〈失業的花鼓〉

失業時代，名譽難顧，

管他體面不體面

三餐會飽上等好！……

失業時代，三餐難度，

名譽體面若要顧，

祇驚米甕會生菰！〔註8〕

昭和 4 年（1929）世界經濟大恐慌，昭和 6 年（1931）臺灣文化協會指出：「失業者如洪水似的激增不已」〔註9〕，經濟不景氣，面對失業的危機，有些女性用身體換取工作機會，只為圖飽三餐，這是 1930 年代臺灣社會普遍的現象，另日治時期的兩位作家西川滿與周金波，因以寫實的筆法書寫在地文化，宜視為鄉土文學的一部分。

（二）作家作品

1. 新詩

（1）西川滿〈にしかわ・みつる 1908～1999〉

西川滿三歲時隨父母居住於基隆，在臺灣成長的西川滿勤學閩南語，對於閩南語的內涵、意義，有深刻了解〔註10〕，所以詩中有許多的閩南語話文。西川滿以流利的閩南語，運用在小說和詩作中，更貼切臺灣語文，也保留住這些閩南語的發音，因此閩南語成為西川滿很重要的創作語言。

西川滿年少時期便對文學、宗教、造書有很大的興趣，促使日後西川滿成為一位裝幀家、宗教家、活躍於殖民地臺灣的作家。西川滿的創作深受唯美主義的影響，標榜「藝術至上」〔註11〕，他認為「書的裝幀材料都比書的

〔註 8〕趙勳達，《臺灣新文學》〈一九三五～一九三七〉定位及其抵殖民精神研究，（臺南：南市圖，2006 年），頁 256。廖漢臣，致力於新文學運動，參加新舊文學論戰、臺灣話文論戰，對臺灣文獻與臺灣民俗的研究頗有心得。

〔註 9〕趙勳達，《狂飆時刻一日治時代臺灣新文學的高峰期（1930～1937）》（臺南：臺灣文學館，2011 年），頁 9。

〔註10〕陳藻香，《日本領臺時代的日本人作家：以西川滿為中心》，（東吳大學日本文化研究所博士論文），1995 年，頁 796。

〔註11〕黃英哲編，《臺灣文學研究在日本》，頁 112。

內容要來的重要」〔註12〕，西川滿的作品內容多為個人對臺灣生活的追憶，或詠懷臺灣風情，以詩歌紀其事，或盡情抒發胸中之情，並以真性情創造出其心靈的圖像，是個浪漫主義者。西川滿對臺北的描述

同樣是臺北的舊街，我對艋舺卻不太有興趣。因為那裡是純中國式的街道。而大稻埕有外國人住在那兒，呈現出中西合併的街景，對我有很大的吸引力。〔註13〕

西川滿居住臺灣三十餘年，從此把臺灣視為第二故鄉，然而，他卻對「純中國式的街道」感覺乏味。儘管他的作品多半以臺灣為題材，而且到處可以聽到閩南語；但能理解或讚賞其作品者，幾乎都是日本人。西川滿作品中的臺灣，充其量只是日本人看到的臺灣，只是一個能滿足當時日本人嗜好的臺灣。〔註14〕這意味著西川滿與臺灣之間仍有一道鴻溝，他的作品不是臺灣人能完全理解的。龍瑛宗給西川滿的建議是：「從寫實主義的觀點去觀察事物，自然看得到臺灣的現實面。」〔註15〕西川滿對「大稻埕中西合併的街景有吸引力」，可知西川滿寫作風格著重於異國情趣，和臺灣作家寫實的風格，差異性很大。

西川滿對於臺灣民俗風情、歷史故事有很濃厚的興致，書寫臺灣無論是民俗、歌謠、傳說等無不涉獵且融會貫通；並從民藝中吸取靈思，創造出富有時代性、民族性與浪漫性的臺灣文化，對臺灣鄉土文學充滿熱情，這不是一個政治理念就可拼裝出來的，只因出生背景特殊，被冠上「皇民作家」、「御用文學家」之稱；然楊逵極其嚴厲地抨擊西川滿的虛偽立場，「西川滿以美麗的神話呈現臺灣，可以說相當成功地遮掩許多醜陋的殖民史實，以熱愛臺灣的方式來傷害臺灣，才是西川滿皇民文學的精髓。」〔註16〕詩人本著童心寫作，這樣的作品才會純真感人，人非草木孰能無情，居住在臺灣三十餘年的西川滿，偽裝熱愛臺灣三十餘年，這對西川滿而言似乎太沉重。

（2）西川滿的作品舉隅

詩的創作方式，用字雖少卻多以譬喻法，構成多重畫面；唐朝白居易〈與元九書〉：「詩者，根情，苗言，華聲，實義。」〔註17〕其意為一首詩，若一

〔註12〕黃武忠，《日據時期臺灣新文學作家小傳》，頁110。
〔註13〕黃英哲編，《臺灣文學研究在日本》，頁125。
〔註14〕黃英哲編，《臺灣文學研究在日本》，頁126。
〔註15〕黃英哲編，《臺灣文學研究在日本》，頁124～125。
〔註16〕陳芳明，《臺灣新文學史》，頁198。
〔註17〕劉大杰，《中國文學發展史》（臺北：華正書局，1988年），頁513。

棵樹，感情是根，自然合宜，誠如西川滿對地方書寫，真誠又自然。

〈臺北的雨〉

雨　　雨

街頭巷尾降下的雨

臺北降下的雨

潤濕你的心

振奮我的心

在停仔腳〔註18〕合掌〔註19〕

雨雨雨雨雨雨

何時停喲

如同永劫不中止地下著的

雨　　雨　　雨〔註20〕

西川滿也嘗試以閩南語表示其心中的理想世界，停仔腳合掌祈禱雨停，停仔腳是屬閩南話語，在後人批判之聲浪下，如連番豪雨，似乎也隱隱看到詩人一顆孤獨的心，兀自在街頭行走的背影，漸行漸遠。

〈城隍爺祭〉

燒香

合掌

三禮拜

燃燒

落馬金〔註21〕

二花壽金〔註22〕

〔註18〕停仔腳，閩南語發音，為街屋騎樓空間，因為臺灣夏天常驟下西北雨，且北臺灣冬天多雨，停仔腳讓行人有一連串的避雨場所，同時商業活動可繼續進行，再者擺在店門口的貨物也可避免日曬雨淋。

〔註19〕聖像前要合掌示敬，與人見面也合掌示禮。

〔註20〕林明理，〈美的使徒——淺談西川滿的文學思考〉，《臺灣文學評論》第12卷第4期（2012年10月），頁76～82。

〔註21〕燒香、燒金是臺灣民間信仰所需的儀式之一，也是引領聖靈降臨的象徵，以安五營為例，五營兵將無形無體，因此必須透過在五個方位燃化金紙，象徵神明兵將的安頓；以「黑令掃」繞行過金紙火後，表示任務暫告一個段落，兵將可以「落馬」休息。

〔註22〕金箔上印有財、子、壽三神像，分為大花壽金及二花壽金兩種，用於神佛誕辰或祈求許願時。

供奉

五秀

五牲餅天金

割金

大才子

豚羊供奉

諸神念言

道衣金冠

道士的祈禱〔註23〕

燒香、燒金、牲禮、道士，這是臺灣民間祭祀神祇必備的項目，宗教的主角就
是人民，虔誠的信徒，來自各地的善男信女自備供品至宮廟埕，祈求國泰民
安風調雨順，臺灣的種種民俗活動，都是西川滿珍貴記憶的收藏，臺灣祭祀
的場景，貼切的比喻，使詩歌活潑生動。

2. 小說

（1）周金波（1920～1996）

周金波出生於基隆，昭和 3 年（1928）就讀基隆第一學校，昭和 8 年（1933）
赴日就學，昭和 16 年（1941）年從日本大學齒科畢業後返臺繼承家中的醫院。
昭和 16 年（1941）三月、九月號的《文藝臺灣》分別刊出周金波的《水癌》、
《志願兵》二篇小說作品，這二篇作品使周金波被歸為皇民作家、漢奸作家。
二戰結束後，周金波擔任和興（現為仁愛區新店里）里長，參加「三民主義青
年團」並擔任基隆分會文化部長，1946 年被國民政府視為紀念五四運動抗議
的主謀，遭到當局逮捕，而獲釋以後，便隱姓埋名，1947 年二二八事件爆發，
周金波三度入獄，只因他被視為親日分子，虎口餘生的周金波身心受創極深，
曾有一段時間不寫日文、不講日語，從此不過問政治，不再創作小說，回歸
他原始興趣的電影與編劇，並擔任基隆地方戲劇比賽二十多年的評審。〔註24〕
在亂世時代，沒有是非，很容易因政治入罪，最後只能選擇緘默，避免拉家
帶口。

〔註23〕林明理，〈美的使徒──淺談西川滿的文學思考〉，《臺灣文學評論》第 12 卷
　　　　第 4 期（2012 年 10 月），頁 76～82。

〔註24〕曾子良，《基隆成果調查報告書》，頁 328。

（2）周金波的作品舉隅

A. 《志願兵》

周金波第一部小說《水癌》，男主角「他」以「領導階級」自任，書中代表「庶民階級」罔顧女兒病情又嗜賭的母親，是沒有教養、愚蠢的婦人，強烈暗示臺灣這種人是沒有希望的，因此思索「如何成為日本人」的問題，誠如高經濟族群同化低經濟族群，已成原則，日本人以戰勝者自居，掠奪資源成就自己為高高在上的統治階級，臺灣人被視為次等日本人，因此周金波反覆檢討臺灣的落後文化，最後找到成為日本人的思想出路，晉身之道就是自動自發地接受「皇民化」的臺灣人形象，於是有《志願兵》的誕生。周金波的《志願兵》兩位主角，一位是留日歸來的張明貴，是接受日本化的臺灣知識分子，一位是公學校畢業努力上進的高進六。張明貴自始就是以日本人的身份自居，高進六則在小學畢業後，在日本人的店裡工作，學習流利的日本國語，他並改名為「高峰進六」，張明貴終於向高進六認輸，認輸的主要理由，乃是高進六劃破小指，血書參加志願兵，要成為日本人，並非只在精神思想的層面認同日本而已，更重要的是以具體行動付諸實現。〔註25〕與其臨淵羨魚不如退而結網捕魚，唯有以實際行動，方有改變命運的機會，而張明貴「以日本人的身份自居」，僅是自己一廂情願並無官方認可，張明貴仍是張明貴，高進六參加志願兵，即是皇民，成為高貴的日本人。

中日戰爭後，日本政府開始積極推行皇民化政策，所謂「皇民」，是「皇國臣民」一詞的簡稱。「皇民」的意義是由上對下的，由皇國要求臣民犧牲貢獻，因此寓有濃厚的命令與政策色彩；所謂「皇民作家」，即指臺人作家屬親日者，大多關心皇民化運動的成敗，支持「內臺合一」，在作品上亦呈現類似主題傾向，這對臺灣人而言此為漢奸走狗。周金波的《志願兵》以成為真正日本公民為目標，卻也顯出當時臺灣人民思考自身身分認同的議題，身分認同的思維是開放的，昭和18年（1943）周金波發表建立皇民文學：

> 我的主題是「建立臺灣的皇民文學」。各位都知道，臺灣可以說是「大東亞共榮圈」的小縮圖；大和民族、漢民族、高砂族等三個民族，在天皇威德下共生共榮到如今終於三位一體，同心協力為完成聖戰而努力。文學界自然也揚棄了過去單純的外地（殖民地）文學之異國情趣

〔註25〕陳芳明，《臺灣新文學史》，頁202。

及消極性，積極地描寫慘烈的決戰下，臺灣民眾的真實生活。〔註26〕
西川滿說：

> 周君從《水癌》一躍而到《志願兵》，的確非同凡響。讀《志願兵》
> 的時候，我真的吃了一驚。又說：「在本島人作家之中，帶頭志願作
> 志願兵的非周君莫屬。」〔註27〕

就上述所言，周金波被嚴厲批評為「不折不扣的皇民文學」，又林越峰小說《紅
蘿蔔》，感嘆同志的出賣甚於日警的鎮壓，紅蘿蔔尖端埋土中，不易看出，拔
出後才發現土壤尖形凹洞，故取內尖喻為內奸，因內奸滲入，出賣同志，導致
社會運動失敗〔註28〕，相較於周金波對日本認同，顯得格外諷刺，周金波無怪
乎被視為皇民作家、漢奸作家。日治時期有關族群認同，陳映真直指皇民文學
為漢奸文學，而葉石濤認為：「周金波在日治時代是日本人，這樣寫是善盡作
為一個日本國民的責任，何罪之有？」〔註29〕葉石濤為周金波平反。日本文
學博士中島利郎直稱：「周金波不是皇民作家，而是獨一無二，愛鄉土，愛
台灣的作家。」〔註30〕由《志願兵》中可知周金波對「皇民化」運動抱持著樂
觀態度，他認為經由「一視同仁」而成為「皇民」，可以使臺灣人不再受差別
待遇與隔離政策的歧視。

　　B. 《尺的誕生》

　　《尺的誕生》，是周金波在昭和17年（1942）於《文藝臺灣》發表的小
說，其中公學校、小學校以基隆市信義國小與仁愛國小為場景，主角吳文雄
是「公學校」五年級小學生，以他想進入小學校的意識，探討日治時期臺灣
人的身分認同，象徵尺的意思。吳文雄總是喜歡與他的幾位好友一起玩騎馬
打仗，並想要被以較為特殊的日本名「ふみお」（humio 文雄）而非「ぶんゆ
う」（bunyu 文男）稱呼，由此可見吳文雄十分崇拜日本戰時所宣傳的精神，
而以身為臺灣人感到自卑，怕自己不懂日本的文化而出糗，並以自己的玩伴
為恥，他渴望加入日本人的團隊，不過事與願違，卻往往只能在一旁羨慕與

〔註26〕周金波，〈建立皇民文學〉，《文學報國》第3號（1943年8月20日），頁3。

〔註27〕黃英哲編，《臺灣文學研究在日本》，頁68。

〔註28〕陳淑容，《曙光出現──臺灣新文學的萌芽時期1920～1930》（臺南：國立臺
　　　　灣文學館，2012年），頁31。

〔註29〕葉石濤，〈皇民文學的另類思考〉，民眾日報副刊，1998年4月15日。

〔註30〕下村作次郎，〈一九九八年日本的台灣文學研究〉，《文訊雜誌》（1999年6
　　　　月），頁61。

旁觀。這篇故事以兒童的視野，陳述當時臺灣人普遍對日本的仰慕，在尾聲中看著自己輕視的玩伴扮演大將軍、玩著自己愛玩的打仗遊戲，覺得羞愧萬分，而總是跑去小學校，看著日本孩童玩著打仗遊戲。這樣的場景，可知當時的臺灣人對於同化為日本人的渴望……儘管吳文雄對於成為日本人有無限嚮往，但事實上他還是臺灣人，所謂「被殖民者」，無法成為先進思想的殖民者，所以面對殘酷的事實有著無限的痛苦與矛盾，《尺的誕生》，已經失去以往成為皇民的樂觀。一個在殖民統治下的作家，愛自己的故鄉，卻無法接受故鄉的粗俗文化，想要第二故鄉的幽雅寧靜卻並非血統相同之人，結果卻變成被雙鄉排斥之人。西川滿對他的評語是「誠實的作家」：

> 觀看《水癌》以來的周君的步調，發現此人擁有獨特的武器——它
> 是本島新文學之鑰。今日的苦痛，將為這位誠實的作家開創如何的
> 明日呢？〔註31〕

周振英說：「把臺灣的一個時期忠實的描寫出來，不受別人左右的影響，一貫保持自己的意志，以沒有虛偽的作品為臺灣的歷史填上了一頁。」〔註32〕一部好作品必能反映時代社會情況，《水滸傳》、《金瓶梅》、《西遊記》都是作者對當時社會的控訴，周金波的《志願兵》、《尺的誕生》正說出日治時期臺灣人民的心聲，不願受差別待遇與種族歧視，周金波始終誠實面對自己的文化抉擇，周金波陳述實情，臺灣不容；因他非日本人，日本不容；周金波曾處於無地自容，向陽說得好，立場勿分際，他鄉亦故鄉。

向陽（1955 年～）　〈立場〉

你問我立場，沉默地
我望著天空的飛鳥而拒絕答腔
在人群中我們一樣
呼吸空氣，喜樂或者哀傷
站著，且在同一塊土地上
不一樣的是眼光
我們同時目睹馬路兩旁
眾多腳步來來往往

〔註31〕黃英哲編，《臺灣文學研究在日本》，頁 79。
〔註32〕曾子良，《基隆市文學類資源調查成果報告書》，頁 328。

如果忘掉不同路向

我會答覆你

人類雙腳所踏

都是故鄉〔註33〕

如果無預設立場，四海一家，處處是家，人類所立足之地，即是故鄉。

第二節　中華民國到臺灣時期

　　臺灣光復，回歸祖國懷抱，應是普天同慶，怎奈日本體制的不平等待遇，並無因改朝換代而改變，終於引發二二八事件，臺灣戒嚴，進入白色恐怖時代，文學發展處處受牽絆，直到解嚴後，言論、出版、遊行、集會獲得自由，文學方百花齊放。

一、時代背景（1945～2019）

　　臺灣所期待的祖國，正逢國共內戰，臺灣資源如同日治時代一樣受到壓榨，臺灣人與大陸外省人不平等待遇與日治時總督府體制如出一轍，彷彿歷史重演，尤其從期待到失望、絕望、到最後奮力一搏，民心向背如洪水，1987年是筱乎臺灣命運關鍵的一年，在未解嚴之前，新文學則歷經新詩論戰、第二次鄉土論戰後，更趨成熟，從在地視野擴及到世界，從戒嚴時的牽絆到解嚴後的解放，真是柳暗花明又一村。

（一）次殖民體制的建立

　　臺灣光復後，臺灣最高統治者是臺灣省行政長官公署，由陳儀擔任，臺灣省行政長官自1945年～1947年，形同日本總督，掌控行政大權，在此短暫統治臺灣期間，爆發影響後世甚鉅的二二八事件。次殖民體制，則是始於1945年國民政府接收臺灣時，止於1987年戒嚴體制的終結，期間以日本奴化臺灣制式，再奴化臺灣，甚至有過之而無不及，故謂之次殖民體制。

（二）戰後至戒嚴時期基隆文學之流變（1945～1987）

　　基隆港在二次大戰末遭美軍轟炸滿目瘡痍，大戰結束，基隆又為日本人撤退及中華民國政府接收臺灣、美軍來臺的主要出入口。戰後初期民生凋敝，

〔註33〕許悔之編，《臺灣詩人選集向陽集》（臺南：臺灣文學館，2010年），頁43。

由於各地忙著戰後重建工作，文學在顛簸中發展；又逢 1947 年二二八事件，基隆遭遇大屠殺，造成許多知識分子和無辜民眾的傷亡，文人思維被束縛，隨即全臺進入戒嚴時代，風聲鶴唳，草木皆兵，對文學發展更是雪上加霜；1949 年中華民國到臺灣，政治氣氛正盛，處處有還我河山、反攻大陸……等標語，此即反共文學興起的背景。

在反共、恐共的陰影下，臺灣作家被抽離具體的歷史脈絡，面對一個前所未有的官方論述，本土文化不但遭到貶抑，甚至還受到空洞化。1950 年代的臺灣作家，保持沉默的原因，就是這種強勢文化壟斷之下造成的。〔註 34〕反共文學與戰鬥文藝以中共的文藝鬥爭從事逆向思考，反共作家既脫離臺灣現實，也偏離自己的文化主體，1955 年成立的臺灣省婦女寫作協會，是反共文學中的另一特殊現象。謝冰瑩負責婦女寫作協會成立的主要任務，就是推展反共文藝宣傳。〔註 35〕1967 年國民政府大力提倡中華文化復興運動，以培養人民對國家的認同感，中華文化因而成為主流，是反共文學全盛時期。

1970 年代，由於臺灣經濟起飛、實施九年國教，知識水準提升，人民對政治民主認知提高，知識份子開始關懷本地人民的生活，強調鄉土情感，於是掀起鄉土文學運動，作家以臺灣的鄉土民情為題材，關注農民、勞工等小人物的遭遇，形成一股「鄉土文學」風潮，是屬典型的寫實主義，但因政治的介入，使得 1970 年代的鄉土論戰，文學的共識產生分歧，關鍵在對祖國的認同，於是戰火便在文字堆點燃，直至今天仍未定案。

（三）解嚴後基隆文學之流變（1987～2019）

1987 年解嚴後，人民有集會結社、遊行、出版、言論的自由，尤其書報解禁，給予文人更多的書寫空間，臺灣的政壇從此產生巨大的變化，政治的鬆綁，社會日逐開放，各種新興的社會運動形成風潮，文學禁錮解除，1980 年代，「臺灣本土意識」逐漸受到重視，而在文學領域中形成一股澎湃難擋的力量，文學自由，使政治不再干擾文學，甚至批判題材之文學作品也越來越普遍，一切如水到渠成一般的自然。

教育普及民智大開，族群問題也獲得社會的重視。原住民要還原本姓、婦女運動、思想大解放……文學之路繁花盛開，基隆文學隨之蓬勃發展，多

〔註 34〕陳芳明，《臺灣新文學史》，頁 272。
〔註 35〕陳芳明，《臺灣新文學史》，頁 274。

元文學崛起，基隆最具特色的有海洋文學、地景文學、報導文學……等。

　　1990 年代後，本土意識高漲，臺灣的各縣市無不全力推行發展自己區域內的文藝工作，基隆市政府文化局，除固有的推展工作外，舉辦文學創作徵文活動，更致力於書刊雜誌的發行，主要有《文心叢刊》、《文化開傳》月刊、《北北基桃藝文總覽》……民間雜誌有《基隆代誌》、《雞籠霧雨》、《走讀暖暖》、《基隆青年》……等；在白話文盛行之下，相對的古典文學式微，白話文接近民生用語，用詞通俗易懂，故廣為文人所運用，即使是大陸來臺文人亦不排斥，也運用白話文書寫或用閩南語話文書寫，因此在這時期白話文學派與古典文學派合流，文學社團與刊物更是姹紫嫣紅。

　　1990 年代的臺灣文壇，既有來自國內、外的文學思潮，交互激盪，同時文人們也都能掙脫歷來的束縛，勇於吸收新思潮並創作各種形式的詩作，所以呈現出來的最大特色，當然是「多元現象」。〔註 36〕網路文學經網路媒體迅速發展，文學場域更加寬廣，藉網路之便發表各式文學體例，其中仍以白話文為最多數，基隆新文學在此時期的海洋文學發展方興未艾，主要的創作文體有現代詩、散文、小說，直至今天基隆文學發展，依然海闊天空。

二、二二八事件對基隆文學的影響

　　臺灣光復後，作家們正興致勃勃地擬對日治時代無法書寫的題材暢所欲言，遺憾的是，二二八事件後一切卻全改變，這是橫跨日治與戰初兩代臺灣作家可悲之處，但不論是創作或研究，仍以新文學為主流，相對之下，戰後臺灣的古典文學倍受冷落。〔註 37〕而新文學之所以成為為主流，原因是新文學以叛逆方式，書寫社會百態，對當局是一種無言的批判，貼近民意，這是古典文學所缺的。

（一）悲情基隆

　　二二八事件的導火線為因查緝私菸而起，然當事人林江邁女士之女林明珠接受聯合報專訪談二二八衝突，她認為：「二二八根本不是因查緝私菸引起，更非外省人欺壓本省人，純粹是出自語言溝通不良所產生的糾紛。」〔註 38〕

〔註 36〕張雙英，《二十世紀臺灣現代詩史》（臺北：五南，2006 年），頁 336。
〔註 37〕廖振富〈臺灣古典文學研究概述〉，《2006 臺灣文學年鑑》（臺南：國家文學館，2007 年），頁 102。
〔註 38〕蔡惠萍，〈林江邁之女原爆人物談 228 衝突〉，聯合報，2006 年 3 月 6 日。

當事人的說法與中等教育的教材有所出入，但無論如何，冰凍三尺非一日之寒，人民在忍無可忍情況下，剛好找到情緒出口，草若不乾燥，星星之火也無法燎原，歷史並非血債血還，而是記取教訓，勿重蹈覆轍，在歷史中知得失知興替、鑒往知來、更要創造新價值。清領時期的閩粵械鬥、漳泉械鬥，是族群撕裂所至，二二八事件使臺灣再一次的族群失和，本省人與外省人相互對抗，也皆已付出慘痛的代價。

　　由擁抱祖國，到對祖國的失望，在二二八事件那一年，雨港基隆馱負着臺灣史上的腥風血雨。住在基隆的許曹德，當時年僅十歲。軍隊登陸當天，他躲在門縫邊，窺見殺戮的鏡頭，以下是他的片段回憶：

> 我不知道什麼時間軍隊登陸，但聽到風聲，家裡準備緊閉店門、防止意外的發生，下午，便聽到南榮市區方向傳來可怖的槍聲、人群奔逃嘶叫聲、軍隊對行人吆喝站立聲、不斷的雙方向射擊聲。從店門的縫隙看出去，看到軍隊舉槍對任何起疑的人物，無論大人小孩一律射殺的恐怖鏡。……第二天，恐怖加劇，街上任何人物移動、任何抗拒，當場射殺。我們聽到附近軍隊衝進巷子、民房，搜捕嫌疑人物。我們偷偷看到馬路上一批批青年在槍尖下押向市區，看到一輛輛軍用卡車載著面露恐懼的青年駛向市區。……我們整天都活在極度的恐懼中，不知這些野蠻軍隊，會不會衝進我們店裡搜捕。我看到媽媽從未如此害怕過，只看她不斷唸大悲咒、唸阿彌陀佛。……〔註39〕

白色恐怖，使基隆變成死神的入口，無止盡的殺戮事件，無人知曉何時停止，八堵火車站慘案，導因於兵民在火車上發生衝突，3月8日援軍登陸後，被秋後算帳，事後立碑紀念，期能記取歷史教訓，不要再有悲劇發生。地方耆老對二二八事件的看法：

　　廖文英〔註40〕：二二八事件做錯事的是陳儀，救人的是白崇禧，有人被誣告，公報私仇。〔註41〕

　　朱麗水〔註42〕：「白崇禧來臺後，我們才被釋放出來，我被釋放後，未曾再找過我麻煩」。〔註43〕

〔註39〕許曹德，《許曹德回憶錄》（臺北：前衛，1990年），頁117。
〔註40〕廖文英，基隆人，初中，寺廟管理人。
〔註41〕臺灣省文獻委員會，頁20。
〔註42〕朱麗水，基隆人，國校畢，什貨店東。
〔註43〕臺灣省文獻委員會，《基隆市鄉土史料》，頁105。

　　童永〔註44〕：臺北事件發生後，基隆市第一個響應，當時基隆市民直覺
之反應為豬比狗不如（豬指外省人，狗指日本人）……政府派白崇禧來臺處
理二二八事件時，幸有臺北縣省議員李建興之母「李白娘」於八堵跪迎白崇
禧，並將事件始末稟明白崇禧，並請求白崇禧釋放無辜之本省人。因此白崇
禧於了解整個真相後，即下令釋放被捕之本省人。〔註45〕因此，白崇禧可謂
為基隆人的救命恩人。

　　暖暖歷經械鬥、戰爭、屠殺，居住在基隆暖暖的詩人蕭蕭，以黑色的小
詩，道盡暖暖的美麗與哀愁。

蕭蕭（1947 年～）〈黑色的小詩〉

　　小小的暖暖，曾經漳泉械鬥，安德宮的保儀大夫是泉州人的守護神
祀。小小的暖暖，曾經是中法戰爭的古戰場，金山寺後還有古戰場
壕溝的遺跡。小小的暖暖，在臺灣苦難的歷史中，二二八事件裡也
有一件黑色的記憶。〔註46〕

圖 5-1　八堵火車站 228 事件罹難員工紀念碑圖

〔註44〕童永，基隆人，高工，理事長。
〔註45〕臺灣省文獻委員會，《基隆市鄉土史料》，頁 105～106。
〔註46〕蕭蕭，《暖暖壺穴詩》（臺北：紅樹林出版社，2003 年），頁 134。

二二八事件震驚國際社會，美國國務院發佈的中國白皮書中說道：「臺灣經濟日形惡化，而是來自於大陸的人員效率低，因而引起民怨，故引發 1947 年 2月 28 日之叛變。」〔註47〕美國的批判與臺灣老百姓的觀感吻合，而後國民政府雖然平息變亂，卻也造成臺灣人民對大陸外省人的痛恨程度日益增加；很明顯的，此次事件已造成族群分裂，本省人與外省人皆有重大傷亡，導致日後政黨對立的主要因素。

（二）二二八事件對基隆文學的衝擊

二二八事件爆發的前夕，臺灣文學界已經面臨前所未有的文化劇變，基隆古典文學在日治時期，文風趨向較為保守，二二八事件爆發之後，更是安常守故，戒嚴時期，造成時代的錯亂，整個體制都僵化，有些詩人對中文陌生，只好封筆，或因高壓政策，只能默然寡言，由寺廟楹聯可見一般，寺廟楹聯多由文人雅士所題，細看奠濟宮、八斗子度天宮，遠離政治是非圈；唯獨在 1958 年安德宮重修，竟出現官方高階人士的楹聯，其中有兩位國防部長，一位行政院長、監察院長、考試院長，余福海說：

> 暖暖人真的很慘，二二八事件，暖暖又被大屠殺，八堵火車站的紀念碑，就是這事件的見證，臺灣光復後，臺灣還是被國民政府當作是殖民地，國民政府運金到基隆，因語言無法溝通，官方怕金子被搶，產生誤會，造成死傷無數，鑒於被屠殺的慘狀，暖暖人怕歷史重演，藉由安德宮的整修，請當時較有名望的人士，如于右任、白崇禧、何應欽，落款或贈與墨寶，以示暖暖人的身分不容小看，就像是「一人得道雞犬升天」「打狗看主人」，把這些有名望的人士，當作是暖暖人的護身符，以求平安。〔註48〕

于右任〔註49〕（1879～1964）　暖暖安德宮（正殿大門）
安庇湄洲宋以來稱聖千古，德施水國禹而後惟母一人。

〔註47〕 *China White Paper, August 1949, Vol. 1, p.308.*
〔註48〕 余福海訪稿，頁 303。1958 年安德宮重修後，上述官員所題的宮廟的楹聯，皆 1958 年撰。
〔註49〕 于右任，陝西三原人，祖籍涇陽。原名伯循，字誘人，以「誘人」諧音「右任」為名；別署「騂心」、「騂翁」，晚年自號「太平老人」，清朝光緒年間舉人，精書法，尤擅草書，首創「標準草書」，被譽為「當代草聖」、「近代書聖」，前後共任監察院長 34 年。

賈景德〔註50〕（1880～1960）　　暖暖安德宮（正殿中門）

安瀾有慶襃清詔，德澤無涯配禹功。

何應欽〔註51〕（1890～1987）　　暖暖安德宮（正殿內側）

廟貌垂新百堵功成起信力，神輝普照一方靈應展明燈。

白崇禧〔註52〕（1893～1966）　　暖暖安德宮（正殿內側）

驚濤駭浪歷險如夷一曲棹歌圓正果，

福地仙都報功崇德萬象頂禮迓靈旗。

如此特殊景象，根據余福海說法：「暖暖人真的嚇到了，驚弓之鳥一樣，此意義不同於今寺廟楹聯，動則總統或五院院長賜匾額，不過為錦上添花之意，但在暖暖安德宮是墨寶楹聯，有特別意義。」〔註53〕亦即與這些大官員攀親引戚，尋得高官庇護，可庇佑暖暖人的平安。

　　古典文學的學者對二二八事件選擇禁聲，戰後至 1987 年新文學作家礙於淫威又不甘屈就，則以民生議題，間接向政府控訴，並探討新文學未來趨向，於是發生現代詩的論戰、第二次鄉土論戰，文學成果豐饒，至解嚴後，多元文化，遍地開花。在日本的文學之中，取材於二二八事件的作品只有西川滿一人。〔註54〕從 1945～1951 年之間，以非武力抗爭，在詩歌、小說、散文中間接批判國政，書寫內容不外乎：

1. 揭發和控訴日本帝國主義在臺灣的惡行；
2. 描繪臺灣人民當時生活的痛苦與窮困；
3. 技巧性地批判當時臺灣的執政階層。〔註55〕

若從文學活動的角度觀之，這一時期有特殊的時代意義，因為處於一個舉棋不定的時代，環境險惡，作家們仍不願放棄文學使命，東年在太平洋三號的回憶自述：「我去南非寫《失蹤的太平洋三號》……這書約完成於 1976 年，

〔註50〕賈景德，字煜加，號韜園，山西晉城市沁水縣人。晚清末科進士，曾任中華民國行憲後考試院院長。

〔註51〕何應欽，字敬之，貴州人，曾任國防部長，行政院長。

〔註52〕白崇禧，字健生，廣西桂林臨桂人。中華民國陸軍一級上將，有「小諸葛」之稱，曾任國防部長等職。

〔註53〕余福海訪稿，頁 303。

〔註54〕講談社發行的《King》2 月號（1955 年），刊登〈惠蓮的扇子〉，故事內容描述臺灣女性惠蓮，為了替在二二八事件中被殺害的丈夫報仇，暗殺警備司令未遂，後來在獄中仰藥自殺。引自黃英哲編《臺灣文學在日本》，頁 234。

〔註55〕鄭愁予，《鄭愁予詩集》（臺北：洪範書店，1969 年），頁 327。

由於政治因素，拖延多年終於才能出版。」〔註56〕鄭愁予自述：「1949 年《草
鞋與筏子》其中一冊由湘江之畔的道南中學渡海到了基隆，翌年便在臺北遭
到焚身禍事，同學程源申，剛被臺大逼離校門，他為了保護我，燒掉我擱在
他家中的所有詩集詩稿，在所謂的白色恐怖年代，唯一保全個人的方式大約
就是自焚自己的歷史了……」〔註57〕，另從 1946 年 12 月，臺灣行政長官公
署宣傳委員會出版一冊《臺灣一年來之宣傳》，明白記載官方在思想箝制方面
的成就。書中說：

> 本會同警務處及憲兵團檢查，計有違禁圖書八百三十六種，七千三
> 百餘冊，除一部分由本會留作參考外，餘均焚燬書籍，其餘各縣市
> 報告處理違禁圖書經過者，計有臺中、花蓮、屏東、高雄、臺南、
> 彰化、基隆等七縣市，焚燬書籍「約有一萬餘冊。」〔註58〕

足證當時思想檢查之嚴密而徹底，對於作家的創作空間已構成重大的壓縮，
在威權政府的認定下，萬一被視為禁書，輕則禁止出版或被焚書，重則追殺
作者，一個焚書坑儒的時代，是對文人思想的再次禁錮。

三、社團與刊物

（一）社團

1. 陽光小集

　　陽光小集是詩社名，也是該社的刊物名稱。社員有不少是基隆人，例如向
陽、陌上塵、劉克襄、連水淼等，1979 年 11 月 17 日成立。其他成員有張雪
映、苦苓、李昌憲、林文義、林野、陳煌、陳寧貴、張錯、履彊、陳克華、謝
武彰、王浩威、游喚、簡上仁、蔡忠修、陳朝寶等人，社員專項相當多樣。臺
灣文學本土派論者彭瑞金相當肯定這個團體，認為該社「立在臺灣的土地上，
站到陽光中，和人群一起呼吸、種植花草、欣賞風景……的大眾寫實傾向是言
行一致的。」〔註59〕葉石濤說：「《陽光小集》網羅不少臺灣 1980 年代才抬頭
的新生代詩人和作家，可惜後來找不到共同的寫作見解而瓦解。」〔註60〕陽光

〔註56〕http://blog.udn.com/highsea/336453 太平洋三號的回憶，東年，取自 108 年 5
　　　　月 26 日。
〔註57〕鄭愁予，《鄭愁予詩集》，頁 327。
〔註58〕陳芳明，《臺灣新文學史》，頁 231。
〔註59〕彭瑞金，《臺灣新文學運動 40 年》（高雄：春暉出版社，2004 年），頁 196。
〔註60〕葉石濤，《臺灣文學史綱》（高雄：春暉出版社，2003 年），頁 175。

小集受各界肯定，自有其卓越的一面，惟志同道合物與類聚，彼此若無共同交集時，也只好分道揚鑣，另尋詩文之路。

2. 草根詩社

草根詩社是臺灣 1970 年代重要的現代詩社，1975 年 5 月在臺北成立，並且創《草根詩刊》。詩刊始於 1975 年止於 1980 年第 42 期，主要刊登成員詩作，羅青是社長。創社宗旨具體呈現在〈草根宣言〉裡，內容為：「……我們尊敬而不迷戀，對未來，我們謹慎而有信心。我們擁抱傳統，但不排斥西方，過去擁抱與過分的排斥，都是變態。……同時，我們也知道要有專一狂熱的精神，創造方能有成，我們願意把這份精神獻給我們所能擁有的土地：臺灣。」〔註 61〕此外，該詩社相當重視詩的藝術性與普及性，此與羅青〔註 62〕有很大的關聯。

臺灣文學評論者彭瑞金認為：「詩社宣言展現對傳統和西化兼容並蓄的精神；同時也展現對詩精神與詩形式持絕對寬容的態度。」〔註 63〕另一位文學評論者趙天儀認為：「該社因為大家風格懸殊，作品雜陳，所以缺乏顯著的風貌。其中以羅青的知性意味，詹澈的鄉土象徵，較為突出」。〔註 64〕詩社與詩刊是提供文人切磋琢磨，交流情感與發表的平臺，間接延續及深化文學的研究，成就一幅完美的人文地景。

3. 龍族詩社

《龍族詩刊》，是龍族詩社的刊物，1971 年 3 月創刊，1976 年 5 月停刊，共出版 16 期，在成員中有蕭蕭、林煥彰、喬林、黃榮村與基隆淵源甚深，1960 年代以來，對臺灣現代詩影響深遠的西方現代主義，各詩家見智見仁，引發現代詩論戰，龍族詩社深切反省，在《龍族》創刊號序詩云：

　　我們敲我們自己的鑼

　　打我們自己的鼓

　　舞我們自己的龍〔註 65〕

〔註 61〕蕭蕭、張漢良編選，《現代詩導讀》（臺北：故鄉，1979 年），頁 458。

〔註 62〕羅青哲（1948 年～），筆名羅青，生於山東青島，居住基隆，臺灣現代詩人及書畫家，在新詩與繪畫方面有很高的聲譽。曾任國立臺灣師範大學教授。

〔註 63〕彭瑞金，《臺灣新文學運動 40 年》，頁 194。

〔註 64〕趙天儀，《臺灣文學的週邊》（臺北縣：富春文化，2000 年），頁 109。

〔註 65〕周慶華，《後臺灣文學》（臺北：秀威資訊，2004 年），頁 88。

對老現代詩提出前所未有的總檢討；1970 年代中期，龍族詩社的文化意識，開始產生本土與中國的微妙分歧，這在戒嚴時期，實屬不易，突破禁錮，開啟文學嶄新的一頁。

（二）刊物

基隆《自強報》寶島副刊僅存在於 1946 年 8 月至 12 月止，出刊時間甚短，卻有以下特色：

1. 呈現當時的歷史背景

日治時期，日本官方為同化臺灣人，由「中國人」變成「日本人」，因此便「去中國化」，戰後中華民國政府到臺灣，臺灣人在一夕之間由「日本人」變成「中國人」，陳儀的文化政策是以「中國化」去除日本的「皇民化」，這兩朝代之間的文化轉換，基隆《自強報》「寶島副刊」適能呈現其間的變化。

2. 「寶島副刊」的論戰

「寶島副刊」論戰的發生時間，早於「現代詩」論戰、第二次鄉土論戰，「寶島副刊」論戰的焦點在於討論「新詩」，導因於 12 月 22 日刊出劍萍的一篇文章〈關於「詩」的話〉〔註66〕，這篇文章引起荒漠、洛茵、丁沖、行客、畢彥……等人分別在《自強報》109 期至 113 期中回應，於是《自強報》便成為文學攻防的戰場。由這場論戰可知當時的言論是自由的〔註67〕，否則便無法筆端交鋒，不久論戰亦隨《自強報》停刊而結束。

3. 掌握歷史脈絡的變動

以《自強報》「寶島副刊」觀看歷史的流動，1939 年國民政府教育部明訂孔子誕辰為 8 月 27 日，故 1946 年的教師節是「8 月 27 日」，直至 1952 年才將孔子誕辰（教師節）改為 9 月 28 日〔註68〕，諸如此類的歷史流變與沿革，正好能自基隆《自強報》上清晰的閱過。

4. 保存當時的文學繡像

「寶島副刊」上的作品可概分為新詩、散文、雜文、小說、報導與翻譯等類，這些作家作品適足以反映時代潮流，以第一期副刊內容舉隅：

〔註66〕劍萍，〈關於「詩」的話〉，第 104 期（1946 年 11 月 22）。
〔註67〕陳國祥、祝萍，《臺灣報業演進 40 年》（臺北：自立晚報，1987 年），頁 27。
〔註68〕葉衽楑，〈基隆《自強報》寶島副刊初探（1946 年）〉，《國際文化研究》第 6 卷第 2 期（2010 年 12 月），頁 33。

表 5-1　基隆《自強報》「寶島副刊」第一期副刊內容一覽表

期　數	作　者	篇　名	類　型	日　期
第一期	編者	約法三章	代發刊詞	1946 年 8 月 6 日
	楊之虹	夜	小說	
	英洛	牆	新詩	
	村夫	我看『寶島』	散文	
	LP	「金言」集	雜文	
	卜風	救生艇	翻譯小說	
	芮蒂	六月的重慶	散文	

資料來源：葉衽榤，〈基隆《自強報》寶島副刊初探（1946 年）〉，頁 53。

　　《自強報》寶島副刊中周學普的翻譯詩劇體裁〈伊斐格尼〉十分特別，以大量的詩入劇，不同凡響。這篇翻譯作品，顯然有著中國晚清以來的翻譯之風，也代表著中國所引渡來臺的文學思潮。〔註69〕1946 年的「寶島」副刊其刊登分成三部分，有中國的、臺灣的與基隆在地的，茲將有關基隆在地作品篇名歸納如下：

表 5-2　基隆《自強報》「寶島副刊」基隆在地作品篇名一覽表

期　數	作　者	篇　名	類　型	日　期
第 20 期	地瓜	「普度」在基隆	散文	8 月 26 日
第 23 期	白鷗	特寫市立女中側影	報導	8 月 30 日
第 52 期	天河	省立基隆女中縮寫	報導	10 月 2 日
第 64 期	水影	基隆分團聯誼同樂會速寫	報導	10 月 15 日
第 72 期	雨聲	記基隆分團青年夜間補習班畢業典禮	報導	10 月 23 日
第 73 期	皋	基隆餐廳一夕談	散文	10 月 24 日
第 102 期	DKS	漫談安樂國民學校	散文	II 月 19 日
第 111 期	吳天河	基隆素描（二）	報導	12 月 1 日

資料來源：葉衽榤，〈基隆《自強報》寶島副刊初探（1946 年）〉，頁 53～72。

1945 年戰後至 1947 年 228 事件之前言論完全不受限制，光復初期，政府對報業採取「創刊不須許可，言論不受檢查」的制度，因此才有很寫實的作品

〔註69〕葉衽榤，〈基隆《自強報》寶島副刊初探（1946 年）〉，《國際文化研究》第 6 卷第 2 期（2010 年 12 月），頁 46。

出現，如〈反貪污新聞詩〉〔註 70〕、〈反貪污之歌〉〔註 71〕與〈一個公務員的呼聲〉〔註 72〕，為臺灣社會現象激起對國民政府的負面效應，〈上海新聞事業概述（上）（中）（下）〉〔註 73〕、〈重慶的戰鬥季〉〔註 74〕，藉由這些作品即可知大陸本土的社會現狀。依基隆在地的作品分析，得知多偏向地方上的報導，《自強報》「寶島副刊」在作品中保留歷史軌跡，尋找戰後初期文學的風貌，這是基隆《自強報》寶島副刊值得珍視之處。

四、作家作品

白色恐怖之前，民間曾獲短暫的自由空間，當代文學家積極在找尋一個適合臺灣文學之路，由於複雜的族群、政治的因素，使得文學之路充滿變數。

（一）創作主題取向與變革

1972 年由關傑明，唐文標等人挑起的「現代詩論戰」與 1977 年開展的「鄉土文學論戰」，有一脈相承的關係，陳映真指出「鄉土文學論戰」在思想內容上，其實是 1972 年「現代詩論戰」的一個延長，不理解 1972 年的「現代詩論戰」，就無法理解「回歸鄉土」為口號的鄉土文學論戰〔註 75〕，文學史一再昭示我們，文學環境的急劇轉折，是源自外來的強勢逼迫，物極必反，命曰環流，中國人民原是順民、良民，民怕官，若非官逼民反，斷無民變之理。

「現代詩」是講究語文鍛鍊與形式設計的文類，面臨臺灣執政當局將官方語文從日文轉換成中文之時，「現代詩」的發展受到很大的影響，習慣使用日文創作的臺灣詩人，彷若失去戰場的將軍，顯得英雄無用武之地，所以有些詩人選擇封筆，致使日文刊物越來越少，甚至最後全部消失。另鄉土文學的特色是自然平易、貼近民意，所以鄉土文學能成為 1970 年代文學的要角，而且越來越多的詩人趨向真實社會和鄉土結合。現代詩與鄉土文學在 1970 年代，因文人的見解分歧，引發現代詩論戰與第二次鄉土論戰，在解嚴前夕，

〔註 70〕史丹，〈反貪污新聞詩〉，《自強報》第 59 期（1946 年 10 月 10）。
〔註 71〕史丹，〈反貪污之歌〉，《自強報》第 65 期（1946 年 10 月 16）。
〔註 72〕英，〈一個公務員的呼聲〉，《自強報》第 84 期（1946 年 11 月 5 日）。
〔註 73〕曹錚，〈上海新聞事業概述（上）（中）（下）〉，《自強報》第 4～6 期（1946 年 8 月 9 日～1946 年 8 月 11 日）。
〔註 74〕勞功，〈重慶的戰鬥季〉，《自強報》第 53 期（1946 年 10 月 3 日）。
〔註 75〕陳映真〈中國文學和第三世界文學之比較〉收入《孤兒的歷史‧歷史的孤兒》（臺北：遠景出版，1984 年），頁 388。

由雙方的論戰中，看出言論自由逐漸在放寬，臺灣的進步在樂觀中等待。

　　有關現代詩與鄉土文學的創作主題取向與變革，學者之間存在著很大的差異，本就僅單純的文學趨向作探討，後又捲入政治政爭，雖然第二次鄉土論戰和平落幕，卻又引起另一波的意識形態之爭，無窮無盡。

1. 現代詩論戰

（1）現代詩論戰背景

　　中華民國到臺灣之後，強行宣導反共文學和中國傳統文學，與大陸中共政策對立〔註76〕，在威權統治之下，成為臺灣文壇的主流，而以描寫鄉村生活的鄉土文學，在1950年代風格是質樸和寫實，僅是生活經驗的陳述，或對倫理道德的反諷，不具政治批判精神，直至1960年代中期，寫實主義的文學思維，漸漸為人所接受。鄉土文學的重要作家有陳映真、黃春明、王禎和、王拓、楊青矗等人，都逐漸在文壇上漸露頭角。1970年代臺灣遭遇空前巨變，不論是政治經濟學術社會皆起很大的轉變，是危機也是轉機；1970年11月「釣魚臺事件」；1971年10月25日退出聯合國事件；1972年2月21日，美國總統尼克森訪問北平；1972年9月，中日斷絕邦交；這接踵而來的外交挫折，衝擊國人的心理，致使國人的民族意識普遍地覺醒和高漲，國人認清要救國家，必須由國內政治和社會環境做徹底革新，臺灣青年知識分子對政治社會事務積極的參與〔註77〕，討論國是蔚然成風，打破戒嚴時的威權統治；知識份子是社會中堅，面對這一場歷史性的潰敗，知識份子不能置身於外，於是社會改革應聲而起。

（2）現代詩論戰過程

　　1972年2月28、29日關傑明於《中國時報・人間副刊》發表〈中國現代詩的困境〉，嚴厲批評臺灣的中國現代詩過分西化，已喪失民族個性〔註78〕，反西化運動悄然而起，同年9月10、11日，他又發表〈中國現代詩的幻境〉，深化他的論點，關傑明此番見解，立刻引起臺灣詩壇正反兩面的意見，你來我往，見招拆招，議論紛紛，形成論戰。

〔註76〕1966年，中國大陸實施思想改造：破四舊，文化大革命。

〔註77〕王拓〈是現實主義文學，不是鄉土文學〉，原載《仙人掌》雜誌，第2期（1977年4月），轉引自尉天驄主編《鄉土文學討論集》（編著者自印，1978年4月），頁105。

〔註78〕關傑明，〈中國現代詩的困境〉，《中國時報・人間副刊》，1972年2月28～29日。

A. 關唐論點

（A）唐文標與關傑明希望作家能夠自我檢討，自我批評。〔註79〕過去新文學批判傳統文學無病呻吟，現在以中國精神批判美利堅化的行為，是囫圇吞棗。

（B）龍族詩社

龍族詩社，創辦《龍族詩刊》，該社成立的宣言，是把自己與現代派劃分界線，龍族詩社追求的目標為：把握住此時此地的中國風格，運用中國文字表達自己的思想，敞開胸懷讓這個社會來批判我們的詩。〔註80〕

唐文標表明中國詩的傳統，有些可以借鏡，如詩經、楚辭、杜甫、白居易等，有些「封建的貴族文人」卻令人懷疑，「今日現代詩中仍有些人借用這些鬼魂，是不應該的」，興於詩、詩言志，詩，應有教化功能，不應如鬼魂般虛無。

B. 反關唐者

（A）顏元叔

顏元叔反關唐之說而發表〈唐文標事件〉，指出唐文標是「社會功利主義」者，唐文標文學是「不容許任何其他的文學見解或文學式樣存在」的霸道作風，反駁的主要論點在於：反對把現代詩都說成脫離時空，或沒有反映當代人生，不應斷言只有社會意識的文學才有價值，其他的文學作品都是廢料。〔註81〕

（B）余光中

余光中繼顏元叔之後發表〈詩人何罪？〉，批評唐文標「幼稚而武斷的左傾文學觀」，另又強調詩人有創作的自由，反對用褊狹的理論來肯定自己，迷惑讀者，甚至否定他人⋯⋯。〔註82〕

（C）陳芳明

陳芳明發表〈檢討 1973 年的詩評〉，對唐文標詩評指出三個「假設錯誤」：對「傳統」假設的錯誤、對「現實社會」假設錯誤、對「詩人假設」的

〔註79〕聯合報副刊編輯，《臺灣新文學發展重大事件論文集》，頁 131。

〔註80〕陳芳明〈龍族詩選序〉，轉引自古繼堂《臺灣新詩發展史》（臺北：文史哲出版社，1997 年），頁 400。

〔註81〕顏元叔，〈唐文標事件〉，《中外文學》2 卷 5 期（1973 年 10 月）。轉引聯合報副刊編輯，《臺灣新文學發展重大事件論文集》，頁 134。

〔註82〕余光中，〈詩人何罪？〉，《中外文學》2 卷 6 期（1973 年 11 月），頁 4～7。

錯誤〔註83〕，這三個錯誤皆是唐文標主觀的意識，並無客觀思維。

文人們以筆端的文字交鋒，語詞犀利。然唐文標並非無的放矢毫無可取，他諄諄告誡年輕的詩人們要正視現實，顏元叔並非完全西化之人，他曾疾呼青年學子勿盲目崇洋，不容洋奴作上賓；余光中支持詩人有創作的自由，言之鑿鑿，陳芳明指唐文標有三個假設錯誤，因每個朝代都有知識份子的特殊風格，假設性議題不能以偏概全，亦有道理，各自堅持己見，以牙還牙，無限循環。

（3）論戰的結論

1970 年代的「現代詩論戰」大抵由「關唐事件」、「顏余反擊」及《龍族評論專號》形成，論戰中建立的回歸現實、描寫社會現狀、反西化等，便成為 1970 年代當代文學創作的驗證標準，也奠立鄉土文學論戰的理論基礎。〔註84〕向陽在〈1970 年代現代詩風潮試論〉中，將 1970 年代現代詩風潮的發展，歸之於詩壇內部的反省，及詩壇外部的批判。

> 從詩社、學者、詩人到讀者對於現代詩「歸屬性」的要求，基本上是臺灣現代詩的一個重要轉捩點……走向他們理想中的「民族性」、「社會性」、「本土性」、「開放性」和「世俗性」，影響所及，1970 年代的詩壇亦由昔日之頹廢虛無轉趨勁健有力。〔註85〕

現代詩的論戰，給予作家一個充分討論的空間，這是一場君子之爭，沒有勝負，只要不涉及人身攻擊與捕風捉影，任憑自由揮灑。

2. 第二次鄉土論戰

（1）第二次鄉土論戰背景

1970 年王拓發表的小說，多為描寫社會底層人物的困境和遭遇的寫實文學，1977 年 8 月，《中央日報》總主筆彭歌在《聯合報》發表《不談人性，何有文學？》一文，公開點名批判王拓、《人間雜誌》創辦人陳映真、《文學季刊》主編尉天聰，正式點燃臺灣鄉土文學論戰的戰火。

（2）第二次鄉土論戰過程

鄉土文學論戰時間：1977～1978 年，茲將雙方正反論述列表如下：

〔註83〕陳芳明，〈檢討民國六十二年的詩評〉，《中外文學》3 卷 1 期「詩專號」（1964 年 6 月），頁 50～51。

〔註84〕聯合報副刊編輯《臺灣新文學發展重大事件論文集》，頁 135。

〔註85〕聯合報副刊編輯《臺灣新文學發展重大事件論文集》，頁 135。

表 5-3　第二次鄉土論戰論述簡表 1：鄉土派

論述主題	發表者	論述理由	媒介書刊	備　註
鄉土派	王拓：〈是「現實主義」文學，不是「鄉土文學」〉。	直指鄉土文學的興盛是可喜的現象，至於描寫對象還應該包括以都市生活為主的現實社會，所以他建議以「現實主義文學」這個稱謂，來取代「鄉土文學」。	《仙人掌雜誌》	1977年4月，臺灣「鄉土文學論戰」正式引爆。
鄉土派	葉石濤於〈臺灣鄉土文學史導論〉。	闡明臺灣鄉土文學的歷史淵源和特性。	《夏潮》	
鄉土派	南亭（南方朔）〈到處都是鐘聲〉。	為鄉土文學的發展表態支持。		
主要立場	擁抱鄉土、關懷現實，關懷民生，擴大視野，反官方意識型態。	反帝國反封建。		

資料來源：聯合報副刊編輯《臺灣新文學發展重大事件論文集》，頁 129～151，由本研究製表。

表 5-4　第二次鄉土論戰論述簡表 2：反鄉土派

論述主題	發表者	論述理由	媒介書刊	備　註
反鄉土文學派	銀正雄批評鄉土文學的作品。	「有變成表達仇恨、憎惡等意識的工具的危機」。		王拓被貼標籤，作品被封殺。
反鄉土文學派	朱西甯則指控部分鄉土文學論者。彭歌發表〈不談人性，何有文學？〉。	有分離主義，主張臺灣獨立的嫌疑。點名王拓、尉天聰及陳映真三人「不辨善惡，只講階級」、和共產黨的階級理論掛上鉤。	《聯合報》	在 1977 年 7 到 11 月間，《中國時報》和《聯合報》連續發表 58 篇文章攻擊鄉土文學派。
反鄉土文學派	余光中〈狼來了〉。	臺灣的鄉土文學跟中國大陸強調階級鬥爭的「工農兵文學」相若。	《聯合報》	
主要立場	以政治抹黑展開反擊，有官方意識型態。			

資料來源：聯合報副刊編輯《臺灣新文學發展重大事件論文集》，頁 129～155，由本研究製表。

（3）論戰的結論

正當國家多事之秋，為彌平意識紛爭，予 1978 年 1 月「國軍文藝大會」上，總政戰部主任王昇強調要團結，鄉土之愛擴大就是國家之愛、民族之愛，為「鄉土文學論戰」暫時畫上一個休止符。

第一次鄉土論戰，當新舊文學隔空激戰，日本政府在高山觀望看馬互踢，最後的勝利者是官方日本政府，以威權終結論戰；第二次鄉土論戰，表面上是現代主義與鄉土文學之爭，卻變調演變成官方意識型態與反官方意識型態的衝突，鄉土文學中強調「臺灣主體性」的言論，後來隨著黨外運動的勃興，鄉土文學論戰卻變成 1983 年開始的「臺灣意識論戰」。〔註86〕最後仍以政治力終結論戰。儘管二次的鄉土論戰皆在官方主導下，已然銷聲匿跡，惟自古文人相輕，但藉由相互批評，相互切磋，言之有物，不淪為謾罵，在彼此較勁下如河流激盪，濤涌波裏，況且文學以字養生民為抱負，肩負傳承責任，這才是士人本色。

（二）作家作品

具有基隆特色的海洋文學，是當代文學不可或缺的。明朝防倭寇而有海禁，清朝為防民亂而有渡臺禁令，國共對立，嚴禁臺灣跨海大陸，因此人民對海洋有著嚴重的疏離感，臺灣自 1970 年代中期開始，方有以「海洋」為題材的文學創作，主要著重在環境意識和生態保育；中後時期，部分作家以「鄉土文學」為主體，漸漸延伸出以海洋為題材的創作。1975 年，《大海洋詩刊》創刊詞「開拓海洋文學的新境界」，朱學恕提出海洋四大特性：「多彩的人生，情感的海洋；內在的視聽，思想的海洋；靈智的覺醒，禪理的海洋，真實的水性，體驗的海洋。為臺灣對海洋文學最早的美學定義。」〔註87〕1987 年報禁解除，以及政治變革、社會運動與經濟發展等因素，「海洋」也逐漸由生態觀念中獨立出來。1990 年代，作家視野已由「生態」進入到與人互動的土地意識，易言之，視海洋為「國土」。另一方面，原住民的尋根過程也成為臺灣海洋文學論述中的重要議題；臺灣原住民的「山海觀」，山海不是阻隔而是道路，文學創作中以島嶼和海洋為主旨，豐富海洋文學的內涵。1996 年，作家作品中出現的「海洋」，開始直接以「海洋」和「臺灣」作為主體出發，加上民間社團中關於「海洋意識」的推廣，於是「海洋國家」的意識正式發聲。〔註88〕

〔註86〕聯合報副刊編輯，《臺灣新文學發展重大事件論文集》，頁 145。
〔註87〕戴寶村，《臺灣的海洋歷史文化》，頁 11。
〔註88〕戴寶村，《臺灣的海洋歷史文化》，頁 187。

近年，海洋文學創作日益興盛，書寫海洋中的生活體驗，漁人、海上風景以及對土地的情感，樂見欣欣向榮。茲就基隆當代海洋文學作品彙表如下：

表 5-5　基隆當代海洋文學作品一覽表

作　者	書名或篇名	時間	出版社或刊物	備　註
鄭愁予	〈老水手〉	1953	《野風》雜誌	第一首海洋新詩作品。
鄭愁予	〈小小的島〉、〈海灣〉、〈船長的獨步〉、〈貝勒維爾〉、〈水手刀〉、〈如霧起時〉	1969	洪範	
				1970 年代是臺灣海洋文學開始發展萌芽的年代。
王拓	《金水嬸》	1975	首度刊登於《幼獅文藝》	廣受歡迎，
王拓	《金水嬸》	1976	九歌	出版同名小說集，以自己長期於海洋中的生活體驗，書寫漁人對海以及基隆土地的情感。
鄭愁予	《鄭愁予詩集 I：1951～1968》	1979	洪範	
東年	《失蹤的太平洋三號》	1985	聯合文學	
東年	《再會福爾摩莎》	1998	聯合文學	
東年	《給福爾摩莎寫信》	2005	聯合文學	
王拓	《牛肚港的故事》	1985	草根	
劉克襄	《在測天島》	1985	前衛	
劉克襄	《座頭鯨赫連麼麼》	1993	遠流	
劉克襄	《鯨魚不快樂時》	2002	玉山	
林福蔭	〈憶——刺丁挽〉	2003	基隆市文化局	以其親身體驗書寫漁民、海、海洋生物等。
王家祥	《海中鬼影——鰓人》	1999	玉山社	
曾定宇	《船／拾虹詩集》	2000	基隆市立文化中心	
杜披雲	《風雨海上人》	2000	基隆市立文化中心	討海人的形象與書寫，杜披雲筆下的討海人的海洋生涯、討海知識與技能，都呈現臺灣海洋生命力以及與海共生的生活面貌。

蔣勳	《眼前即是如畫的江山》	2000	聯合文學	〈寫給雅美的孩子〉
林建隆	《藍水印》	2004	皇冠	
楊桂杰主編	《基隆市海洋文學獎：現代詩合集第二屆》	2005	基隆市文化局	
楊桂杰主編	《基隆市海洋文學獎：散文合集第二屆》	2005	基隆市文化局	
羅青	〈關山亭飲茶〉	2005		
林福蔭	《希望的海》	2007	自印	
林福蔭	《詩網中的海洋》	2008	自印	
林福蔭	《小小詩人就是你》	2009	自印	
林福蔭	《詩海》	2010	自印	

資料來源：根據上開資料，由本研究彙編製表

　　海洋擴展基隆的視場，基隆依山面海，山海都在基隆面前，向海陸發展皆宜。漳泉州先民本是靠海的民族，有著海洋個性、曠達、強悍、不認輸的民族性，與惡水（海洋）搏鬥、不貪生怕死的冒險進取精神，正是海洋文化的特色。本節作家作品以海洋文學為主題，其他為輔。

1. 現代詩

（1）鄭愁予（1933～）

　　鄭愁予，創作風格極為冷靜，卻暗藏極為熾烈的情感，他的作品之所以迷人，在於他靈活地使用情緒得到舒放與節制〔註89〕，鄭愁予大學畢業後以第一志願到基隆港工作，目的是親近海，親近船，有關鄭愁予的海洋詩多完成於他在基隆港務局工作的那段時間（約十年）〔註90〕，這些海上經驗，都是詩人創作海洋詩的泉源。因著這浪漫的思想，鄭愁予努力的在這一片海洋上探索、發掘與開採，創造出一片美麗的海洋詩篇。

〈小小的島〉　1965年

你住在小小的島，我正思念

那兒屬於熱帶，屬於青青的過度淺沙上，

〔註89〕陳芳明，《臺灣新文學史》（臺北：聯經出版社，2011年），頁331。
〔註90〕2019年10月10日訪鄭愁予弟弟鄭文正。鄭文正曾任職基隆女中、建國中學之教師。

　　老是棲息著五顏的魚群，

　　小鳥跳響在枝上，如琴鍵的起落……

　　如果，我去了，將帶著我的牧笛

　　那是我是牧童而你是小羊

　　要不，我去了，我便化做螢火蟲

　　以我的一生為你點盞燈〔註91〕

鄭愁予善於從生活中體悟最深的情境，在現實生活中尋得靈感，如〈美麗的錯誤〉「達達的馬蹄」聲，源自馬車拖著板子，走過屋外的石子路；小島的風光，感受到青春的氣息，有穿梭不止的魚群，尤其活潑的小鳥在枝頭上的彼起彼落，彷若踏在琴鍵上，形成跳躍的音符，構成唯美海洋場景，音感與質感兼具，用詞不華麗，與生活環境做最新鮮的組合，亦覺耳目一新，另有一番風味。鄭愁予詩風浪漫婉約，如「牧童守護小羊」「我便化做螢火蟲，以我的一生為你點盞燈」，感性又溫柔，格外令人怦然心動。

　　基隆市教育局鼓勵各校推行「海洋教育」，基隆市文化局舉辦海洋文學徵文競賽，從作家作品與徵文比賽作品，可發現海洋是文人們喜歡觸及的題材，由專業的漁人生活，到當代一般人的生活，每人普遍的生活經驗，都是創作的最佳題材，因此作品越來越多元，其他非海洋文學作品趨向也是如此。

　　（2）許德全〈漁人的家——詠八斗子漁村詩〉　2003年

　　全盡拋公路車水馬龍的厭煩

　　讓心情隨路徑轉彎……

　　佝僂的老嫗

　　修綴遍體鱗傷的魚網

　　網眼越來越小

　　網罟越來越沉

　　落日懨懨的一片白

　　全像調皮的孫兒一樣

　　爬到她頭上盡情戲鬧

　　流浪的狗兒

　　棲身低矮的土地公廟

〔註91〕陳芳明，《臺灣新文學史》，頁331。

露出一臉不需佯裝的驚惶

神似祈求缺了胳臂的神像……

慾壑難填的蒼蠅

嗡嗡成群造訪

漁家曝曬魚獲的善意款待

稚兒愁眉緊蹙

揮手催趕一片無奈……

不可侵犯的蒼茫暮靄

大嬸聲喧小嫂氣短……

顫巍巍的媽祖廟

屹立得理所當然……〔註92〕

　　八斗子位於基隆市東側，地理環境優越，成為得天獨厚的漁港，而早期漁業與礦業興盛，是文人最喜愛取材之地，基隆八景之「八尺澄清」、「社寮繞日」，張元林、陳阿火、黃昆榮相繼作基隆〈八斗子八景〉詩、王拓《金水嬸》、林福蔭〈憶──刺丁挽〉、杜批雲《風雨海上人》等作品皆與八斗子有關。近來傳統漁業衰微，八斗子漁港呈現出平靜的生活風貌，漁村居民的生活跟著季節走，除出海捕魚之外，平時則修補魚船、漁網等，或是從事沿海相關活動。本詩從拋開車水馬龍的喧囂，回到心嚮往的寧靜八斗子漁村。雖然遠離塵俗，但漁村內也並非全然平靜，有吵雜、氣短、爭吵，亦有流浪狗的驚惶吠聲或是成群蒼蠅惹得稚兒揮手催趕，都是漁村自然風貌，隨遇而安的漁人從捕獲的珍饈美饌中，暢飲一世豪情。然而詩中的「佝僂的老嫗、修綴遍體鱗傷的魚網、網眼越來越小、網罟越來越沉、落日憐憫的一片白、流浪狗、缺了胳臂的神像」……等皆是繁華凋零意象，讀來有些惆悵，但是屹立的媽祖廟依然慈祥地守護這片漁村，德周化宇，澤潤生民。〔註93〕八斗子的動與靜，皆在本詩中呈現，繁華落盡見真淳，短堤外的水色、荒屋裏的窗苔、以及冷街上的蕭瑟，八斗子，草木自在，一切不急不徐，英雄流離不所失〔註94〕，就是這麼平凡、平實的小漁村。

〔註92〕蔡佩錦主編，《閱讀地景文學‧現代詩卷》（臺北：行政院文化建設委員會，2008年），頁18～22。本篇獲《基隆市第二屆海洋文學獎：現代詩》。

〔註93〕蔡佩錦主編，《閱讀地景文學‧現代詩卷》，頁23。

〔註94〕王拓歷經政治苦難，然八斗子永遠是他的故鄉。

（3）詹燕山〈老鷹〉　2007年

在巨雕的白衣觀音的頭頂上

佇立且凝視下方來往基隆港的船隻

在汽笛長鳴

我振翅的沖下橫飛

貼著海面　在船艇的白花前

直飛縱上

在海域的領空上盤旋展翅著

我就是大海的意志

眼見巨雕的觀音

是這樣的渺小

渺小的像是　海面掀起的小碎花〔註95〕

小漁港的地景，平實無華，與基隆港口的老鷹是基隆人共同的記憶，也是現在生活可見的，尤其老鷹是基隆的市鳥，老鷹是屬於每個基隆人的。

（4）基隆紀遊

秦嗣人〈島の唄：基隆散步〉　1947年

這是一個港口

這市街都彷彿晃來晃去的

酒店和旅館是沒有家的人的家

裡面充滿各種打扮和說各種語言的

嘈雜的聲音比海還大

坐在那地方的人

沒有一個是安分底〔註96〕

方光〈基隆之夜〉　1948年

每夜

海濤歸來

〔註95〕詹燕山，1950年生於基隆田寮河畔，1976年9月進入基隆市政府就業，見陳茂賢等著《基隆市海洋文學獎第四屆：公車短篇詩文暨童話故事得獎作品集》（基隆：基隆市文化局，2007年），頁18。

〔註96〕秦嗣人，〈島の唄：基隆散步〉，《戰鬥青年（長沙1947)》新3卷（1948年），頁8。

　　帶著愉快的心情

　　放下歡樂的足跡

　　躺在山的懷裡……

　　黑暗編織的迷夢

　　碼頭上

　　再也聽不到苦力辛酸的叫囂……

　　每夜

　　我佇港濱

　　靜聽山的夢囈

　　滿的歌唱……〔註97〕

在第二次大戰結束，臺灣初離日本，中日文的並用時而可見，島の唄譯為島之歌，白天的基隆是吵雜的，入夜後的基隆是靜謐的，基隆是山與海之城，此乃異地而來的異鄉人，初識基隆，所寫下的多變基隆。

（5）羅青（1948年～）

　　羅青，基隆人，〈逃獄的月亮〉以寫實風格批判環境汙染，〈咽下一枚鐵做的月亮〉弔一位青年天才詩人之死，遣詞用字平凡，但在文字堆中作新奇的組合，有著特殊的弦外之音，因此林燿德評論羅青：「現代最前衛的語言實驗家之一，往往能苦思出前人所未想的語構規則與形式表現。」〔註98〕余光中謂羅青為：「新現代詩的起點」。〔註99〕羅青寫作風格不同往昔文人的多愁善感，對文字鬆綁，深入社會各層面。

　　羅青〈吃西瓜的方法〉　1970年

　　第一種吃了再說

　　第二種西瓜的版圖

　　如果我們敲破了一個西瓜

　　那純粹是為了，嫉妒

　　敲破西瓜就等於敲碎一個圓圓的夜

　　就等於敲落了所有的星星

〔註97〕方光，〈基隆之夜〉，《臺灣新社會》第1卷第3期卷（1948年），頁31。

〔註98〕林燿德，〈前衛海域的旗艦——有關羅青及其「錄影詩學」〉，《文藝月刊》第198期（1985年12月），頁53。

〔註99〕陳芳明，《臺灣新文學史》，頁590。

　　敲爛了一個完整的宇宙……

　　第三種西瓜的哲學

　　西瓜的哲學史

　　非胎生非卵生的西瓜

　　亦能明白死裡求生的道理

　　所以，西瓜不怕侵略，更不懼死亡

　　第四種西瓜的籍貫

　　我們住在地球外面，顯然

　　顯然，他們住在西瓜裡面……

　　包裹我們，包裹冰冷而渴求溫暖的我們……

　　第五種西瓜的血統

　　因為，西瓜和地球不止是有父母子女的關係，而且還有

　　兄弟妹的感情……那感情

　　就好像月亮跟太陽　太陽跟我們，我們跟月亮的一樣〔註100〕

吃西瓜時，首重『吃』的慾望，如不想吃，則西瓜等同不存在，如同創作時，若心中無感觸，無感情要表達，題材也會化為烏有，不再有任何意義。所謂吃西瓜其實是觀賞月亮，在不同的季節時分，月亮的位置與形狀各不相同。在升降圓缺之際，使個人詩藝臻於圓滿狀態。他的作品反映大自然現象，卻寫出人生的哲理，使現代詩傳統詩完成一次漂亮的過渡。〔註101〕對於吃西瓜這件事而言，直接吃是最平常不過的，不吃，或許是最好的方法，羅青他所謂的吃法，每一種都是哲學，六種西瓜的吃法卻只寫出五種，運用留白，第六種留給讀者無限想像空間；羅青《吃西瓜的方法》受到余光中的肯定，余光中寫一篇一萬多字的讀後感兼評論登在雜誌上，嘉許他是新現代詩的起點，余光中認為「羅青的出現象徵著 1960 年代老現代詩的結束，和 1970 年代新現代詩的開啟」。〔註102〕羅青的思維跳脫傳統又不離傳統，新現代詩就是要先進，擺脫傳統約束〔註103〕，羅青善用大量口語化、生活化、趣味化的語言，擬人擬物等比喻手法更是高明，也不避諱成語、俗語，而且題目現代感十足，內容與生活相當

〔註100〕蕭蕭，《後現代新詩美學》（臺北：爾雅出版社，2012 年），頁 36～37。
〔註101〕陳芳明，《臺灣新文學史》，頁 590。
〔註102〕見余光中：〈新現代詩的起點──羅青的「吃西瓜的方法」讀後〉，收入張漢良、孟樊編：《現代詩導讀‧批評篇》（臺北：故鄉出版社，1979 年），頁 409。
〔註103〕余光中，〈新現代詩的起點〉，《幼獅文藝》第 232 期（1973 年 4 月），頁 11。

親切，羅青六種西瓜的吃法，有別於前朝用典，前人大多讚賞西瓜能消暑，如宋文天祥《西瓜吟》，文天祥拔刀切瓜，一刀兩半，開始吃，另以西瓜讚美邵平，賣瓜能大富，何必爭相在漢朝為官，而羅青以西瓜的版圖、血統、籍貫、哲學詮釋月亮的陰晴圓缺，想像力豐富，展現前衛的新思維。

2. 散文

（1）謝冰瑩（1906～2000）

　　謝冰瑩參與北伐，著《從軍日記》，《從軍日記》是謝冰瑩成名作品，《女兵自傳》更被譯成英、日、德、法、西、葡等多國文字，先後再版二十五次，對當代文壇產生重大的影響。謝冰瑩組織婦女戰地服務團赴前線服務，她在大陸的經歷和國民政府「生死與共」的歷史經驗，也使得她較能配合政府的「反共」文藝政策。

> **謝冰瑩《愛晚亭》　1954 年**
>
> ……愛晚亭，我是民國二十六年的秋天和你告別的，我把你付與我的熱情和堅毅帶到了前線，又帶回後方。如今你已渡過了十餘載苦難的時光，滄海桑田，不知又有多少親友傷亡？
>
> 愛晚亭啊，十餘年來你已受過了不知多少次劇烈的砲火洗禮，受過無盡的創傷，你是否也在日夜悲傷？溪水嗚咽，蟬聲悽絕。寫到這裏，我的心絃在顫動，我的熱淚在奔流。我凝視著灰色的天空，託悠悠的白雲，帶給你一顆赤熱的心和滿腔的懷戀！〔註104〕

愛晚亭，原名紅葉亭，又名愛楓亭，位於宋朝四大書院之湖南長沙岳麓書院後清風峽的小山上，四周皆楓林，深秋楓紅欲醉，如畫美景，愛晚亭於清乾隆 57 年（1792 年）建成，因唐杜牧「停車坐愛楓林晚，霜葉紅於二月花」〔註105〕而得名，《愛晚亭》也是謝冰瑩來臺後出版的第一部小品文，謝冰瑩以愛晚亭為故鄉書寫，揭示一位遠離故鄉的遊子複雜的內心世界。

　　1947 年國難當前，她隨政府到臺灣，離開故鄉更遙遠，儘管 1987 年 11 月 2 日，開放兩岸探親，此時她已是八十歲老婦，更何況物是人非，兒時記憶已模糊，何處是兒家？他再也沒回去故鄉，更想念家鄉，身在海外，神往故國，這正是懷鄉文學的寫照，謝冰瑩《愛晚亭》超越個人鄉愁，成為時代、民族記憶的傑作。寓居基隆的謝冰瑩，也愛上基隆：

〔註104〕謝冰瑩，《愛晚亭》（臺北：三民，2006 年），頁 50。
〔註105〕樸月，《漫漫古典情》（臺中：好讀，2018 年），頁 299。

謝冰瑩〈雨港基隆〉 1954年

三十七年十月二十六日的上午十點，我乘的中興輪進了基隆港，統艙裡的旅客們忙得一塌糊塗，我卻把頭從圓窗洞口伸出去，安閒地在欣賞基隆的雨景。……假如你站在基隆公園獅頭山的頂上看雨景，那更是美到了極點！……我特別欣賞這兩排路燈，這是基隆市上特有的景物，也是給與旅客印象最深的地方。……我愛基隆的雨景，更愛午夜的海嘯，豪雨會洗滌大地的汙跡，海嘯會喚醒那些醉生夢死的人們。〔註106〕

基隆，對初到基隆的謝冰瑩而言是異鄉的都市，不論是大雨小雨或急雨，給予從中國大陸漂流萬里到臺灣的謝冰瑩，忘記疲勞多些興奮，一場及時雨撫慰了人心。

（2）林福蔭

作家對海洋的描述，大部分以欣賞的角度去歌詠，一個作者在創作時，很容易將自己的生活經驗移植到自己所寫的作品中，在海上生活，以海為田，可看出海上人家的勇敢與剽悍。

林福蔭〈憶——刺丁挽〉 2004年

四叔眼裡，於是授權讓我充當副鏢手，過沒幾天，在基隆嶼東邊不遠的海域，我們發現了一條約三百斤的白旗魚；我想大顯身手表現一下的機會來了，在正鏢手還未發鏢不具很有把握的射程，我把鏢子投了出去，結果當然是沒射中，雖然這條旗魚後來又浮出水面三次，但因被我擲出的鏢竿驚嚇關係，變得十分乖張……四叔直罵我說太輕狂了，同時給我機會教育，說：「你不要以為瞄準了就可以發鏢，應該距離近點有九成九把握命中才發鏢……」其實四叔說的我都知道……

當船開到雞籠山外的海域，……一條旗魚正高舉尾鰭慢慢往北的外海游，晃動的尾鰭因陽光反射角度的不同，有時看起來近黑色，有時銀灰色，形狀像極了一把武士刀。發現了旗魚立刻倦意全消，我大聲叫喊著：「丁挽哦……」因有第一次的失敗經驗，這次我謹記要

〔註106〕陶一經，《基隆市志卷六·文教志藝文篇》，頁121。謝冰瑩，《愛晚亭》，頁58～61。

領，不但發鏢一次就命中更深入要害，因此，從鏢中這條旗魚開始
到把牠拉上船，才花了二十分鐘的時間。有了一條旗魚在甲板上，
船上人員個個精神抖擻，這是一條白旗魚，兩百多斤重，把旗魚擺
在甲板固定……我知道命中牠了，只聽得鏢繩被牠拉著走咻咻聲不
斷，抬頭望去一百公尺外的海面，旗魚奔跳掙扎濺起大片水花，四
叔告訴我：「鏢子如果不是深入要害，像這般的跳躍最容易脫鉤，如
沒脫鉤我們大可放心把牠拉上來。」〔註 107〕

本篇選文為海洋文學之作，漁事題材——書寫傳統鏢刺漁業過程。由少年林
福蔭一路追逐丁挽〔註 108〕的真實故事，刺丁挽不論是體能、膽識、眼力、
反應等條件，都要高人一等，作者以其親身經歷，一一呈現在筆端，如臨現
場的動態描述。作者於鏢魚船上初擔任副鏢手時，一次追獵物時，過於心急，
越過傳統倫理（未待正鏢手出鏢即出手搶鏢），這是嚴重的過錯，又錯失獵
物，罪加一等，帶著贖罪的心情，見機行事，一次的挫敗經驗，讓他明白「沒
有十足把握能命中目標，不能發鏢」。當第二次鏢刺丁挽，他聽從指揮，終
於成功，作者欣喜若狂，心想可將功贖罪了，由此也可知作者赤子之心。文
中討海人四叔以甲板為漁人的教室，機會教育少年鏢刺丁挽的技巧，大海是
討海人的戰場，當人與魚競逐時，驚滔駭浪捲起千堆雪，是本篇選文最精彩
之處。本文書寫位置在三貂角、鼻頭角、雞籠嶼等東北角海域，為八斗子漁
港最常作業的海域。鏢刺漁業為臺灣黑潮流域所特有，深具漁業文化價值；
過去東半部北起基隆八斗子漁港，南至屏東後壁湖漁港均能看見鏢魚船，然
而沿海魚類資源快速枯竭，又因鏢丁挽人才難以培訓，因此鏢丁挽作業已幾
乎停擺〔註 109〕，隨著時代的改變，刺丁挽作業後繼乏人，因此刺丁挽，只
能留在回憶中。

（3）徐嘉澤〈我們的小船長們〉　2008 年

近山腰位置的好處就是從學校可以輕易的看到海港，靜靜地海，偶
爾有船鳴，隱隱地從遠方像氣球一樣浮了上來越飄越近，波的一聲
在我和學生的耳邊輕輕破掉，我們便會頓時安靜下來待船鳴結束。

〔註 107〕蔡佩錦主編，《閱讀地景文學·散文卷》（臺北：行政院文化建設委員會，2008
　　　　年 5 月），頁 19～22。
〔註 108〕本省漁民稱旗魚為「丁挽」。
〔註 109〕蔡佩錦主編，《閱讀地景文學·散文卷》，頁 23。林福蔭訪談稿，頁 313。

我的小船長們也在等待自己的啟航。

那群孩子們雖然不比一般的學生聰明,卻著實有著比他們善解人意的心,而他們的笑容像海一樣,永遠那麼寬廣、綿延不絕地,彷彿不知道人生有苦一樣地笑。

如果有一天我的小船長們啟航,他們會航向哪裡?航向海的小船長們是否已能獨立而行?老師當初的交代他們做到了嗎?要努力不偷懶、老闆說的話要仔細聽、遇到困難要學會找人幫忙、心要定不要眼高手低只想找薪水高的工作而不做辛苦的工作⋯⋯老師說的話,他們都聽進去了嗎?〔註110〕

(4)歐陽嘉〈忠一路〉 2007年

阿公八十大壽的那天,我推輪椅帶他出來散步,他指名要去忠一路的小艇碼頭,再看一次「大船放尿」。都知道,基隆市的忠一路,是公共汽車、臺汽客運等大眾運輸工具的起迄站,穿繞在海洋氣味的大港側緣,接繫一條臍帶,每一個基隆的孩子,無不是在無數次的公車、客運的搖晃、轉返之下,沿循這條水藍色座標,慢慢長大、慢慢認識這座水都。忠一路密集的公車路線,是夢想的起點、遊子的終點。在每個人心中,都有一條忠一路吧!它承載你我的青春夢想,不曾老去、它一直都在。一條基隆人最熟悉的路,迷人的海洋廣場,抬頭見群鷹翔翔,俯瞰海面波光點點。〔註111〕

(5)蔡琳森〈雨的布魯斯、昔日的喇叭手與永遠的嚴肅先生〉 2017年

從西四碼頭前的哨口出發,沿牛稠港直行,望見海港大樓後折返,穿過平交道,再轉中山一路,經過曾出現在電影《千禧曼波》與《黑暗之光》裡的那座中山路橋,在高架橋面下轉小路,最後抵達成功市場。

海貨攤位的透抽或是花枝,菜販擺放成袋的金針菇與香菇,洋蔥與

〔註110〕楊桂杰主編,《基隆市第六屆海洋文學獎散文、現代詩暨古典詩得獎作品集》,（基隆:基隆市文化局,2008年）,頁21～25。徐嘉澤,屏東師院特殊教育研究所畢。曾任基隆特殊教育學校教師。作品曾獲教育部文藝創作獎、福報文學獎、時報文學獎等。

〔註111〕陳茂賢等著,《基隆市海洋文學獎第四屆;公車短篇詩文暨童話故事得獎作品集》（基隆:基隆市文化局,2007年9月）,頁49。歐陽嘉,西班牙薩拉曼加大學畢業。

蔥段、貢丸、雞蛋、烏龍麵，再則是高湯塊，最要緊的是蝦、魚板和蛤蜊。〔註112〕

現今基隆海洋文學已從專業的漁業、水手、船長，邁向樸實真實的生活面，熟悉的街景與市容〈忠一路〉、〈雨的布魯斯、昔日的喇叭手與永遠的嚴肅先生〉、〈我們的小船長們〉、〈老鷹〉……文學即生活，很明顯的散文寫作趨向，由漁業地景走向社會大眾每個人的心裏，生活味濃厚，描繪真實基隆的樸實與平凡，這與早期的鄉土文學有截然不同的風格，是那麼的熟悉，深具不可抗拒的魅力。

（6）林強〈河流的詩學〉　1994年

林文義曾在散文中如此追憶童年時代，從淡水河到基隆河的航行場景，其愉悅與驚喜之情溢於言表。

> 追溯三十年前的記憶，彷彿渡船繞了一大圈，從淡水河到基隆河必須行經社子、關渡附近的水域，我看到密集稠結的舢舨在泛發著某種草葉氣息的河上來回，漁人們矯健的拋網、拉曳，我們的渡船經過，不約而同的驚喜之聲，漁網拉起時，銀光閃閃的魚跳躍、奔竄……那時的河流還很潔淨。〔註113〕

基隆河歷經悠悠歲月，水能載舟也能覆舟，人們經歷非常態的死亡，由此引發的恐懼與禁忌，劉還月說：

> 基隆河的「洗身」民俗，老人家的記憶中，河水是嬰兒出生之後，重要的「洗身」之水，有些地方甚至就抱著嬰兒到溪水中進行洗禮的儀式，稱之為「落港」，老人家過世後，最後在常民的世界中，河流既是賜予、迎接生命的母河，也是送走、潔淨身體與靈魂的媒介。〔註114〕

河水、身體與靈魂和諧融合，反映出生活於鄉土田園世界中常民的世界觀和生命觀。筆者幼時家長時時警告不可到基隆河玩，尤其是七月鬼節，總是傳言孩子不慎落水是被水鬼抓交替，這種體驗通過告誡的方式，成為那一段歷

〔註112〕張葦菱等著，《106年基隆海洋文學獎，散文得獎作品集》（基隆：遠景出版社，2017年），頁113。

〔註113〕林文義，《母親的河：淡水河紀事》（臺北：臺源出版社，1994年），頁63。

〔註114〕林強，〈河流的詩學：從鄉土世界到城市邊界──以臺灣當代散文中的淡水河和基隆河為考察對象（一九五〇～一九八〇）〉，《東吳學術》第4期（2017年），頁29。

史時期，世代居民最深層的記憶。基隆河儘管水波微微蕩漾，水草迎風招展，但看來渾不似含情的細雨，活脫是無言的嗚咽〔註115〕，及至今日，基隆河形象及功能的演變，昔日的風華已經蕩然無存，但在世代居民的感覺結構之中已烙下永恒的印象。

（7）基隆紀遊

基隆乃是臺灣北部的玄關，必經基隆始入臺灣內地，二次大戰時基隆港遭遇美軍轟炸滿目瘡痍，反而基隆內地少受戰火波及，而中國大陸陷於國共內戰中，因此戰後到基隆者眾多，人來人往，對著基隆的光景，或發出讚嘆：

陳春林〈基隆遊記〉　1947 年

四顧青山綠水，並瞥見暫時轟炸倒塌的家屋，和炸沉的船舶。這時跑到碼頭沿岸巡行，歷覽光復後港灣的狀況，看見十餘艘的輪船停泊海岸，中僅兩艘三千噸級的美英輪，其中尤以八九千噸量之「大中華」、「基隆」，兩號的我國船為最大。……因成律句如下：

秀水明山際，蒼茫認劫灰，沉江多舸鑑，破壁幾樓臺。嫁禍倭奴去，尋詩遠客來，自知非庾信，一賦有餘哀。……

南轅北轍早開通，探勝何須問始終，是破天荒穿鬼穴，能翻地軸擬神工，移山免藉愚公力，鑿空還追漢使功，五十年間多少事？我來訪古問雞籠。〔註116〕

或覺得基隆光怪陸離，人潮太過壅擠，產生雜亂現象：

清水〈基隆碼頭歸去來兮〉　1949 年

喧嘩煩雜的碼頭，天天使無數的善良人們同聲叫苦，恐怕就這樣的下去，要直到永久！

手續真煩，我來時就在外港停留了一小時多。……

只見單幫客下來，不見朋友人倩影，老李始終沒有找到他的朋友，實在擠得吃不消了……五方雜處六神無主，上得碼頭手足無措……

喧鬧嘈雜大家叫苦，看慣以後不過如此…這有甚麼辦法呢？你曉得

〔註115〕郭鶴鳴：《幽幽基隆河》（原載《聯合報副刊》1984 年 9 月 19 日），蕭蕭編，《七十三年散文選》（臺北：九歌出版社，1986 年），頁 162～163。
〔註116〕陳春林，〈基隆遊記〉，《臺灣省訓練團團刊》第 3 卷第 5 期卷（1947 年），頁 10。

多少人靠這個碼頭吃飯？一艘輪船一來就是一二千人，又是上萬件
的行李，這不是造成它們敲竹槓的機會嗎？〔註117〕

或對基隆產生情愫，愛上基隆。

施蓀〈基隆煙雨〉　1948 年

我愛基隆，它那青山與綠水，繫住了戀人的情思，我更愛基隆的煙
雨，那成年飄著的細雨，像薄霧，也像輕煙，把雨都蒙上了一層迷
離的輕紗。

雨的基隆，沒有討厭的氣息，往來的輪船，車輛，商客，他們照樣
忙碌在那熱鬧的雨市。〔註118〕

戰後基隆繁忙有加，人潮如水潮來來去去，多了一些擁擠喧鬧，卻也無損雨
都基隆濛瀧浪漫之美，與基隆糾纏的西班牙、荷蘭、法國、日本，也皆隨著煙
霧散去，只留下多情基隆。

3. 小說

（1）王拓（1944～2016）《金水嬸》　1976 年

王拓，基隆人，八斗子是王拓的文學原鄉，八斗子具有優美的山海景緻
與豐富的漁村文化，更蘊育許多藝術風華的氣質，是文人墨客喜愛的背景。
《金水嬸》以細緻而寫實的筆法，描述漁民們日常生活中的點點滴滴，頗有
日本的「自然主義」之風〔註119〕，故事中的母親含辛茹苦，一手栽培兒子們
唸完大學，誰知兒子有成就之後，竟然棄雙親不顧，甚至把債務完全推卸，
金水嬸因被討債逼得逃離八斗子，努力工作賺錢，終於將債務全部清償，金
水嬸樂觀又負責的生活態度，足為世人楷模，讓頹喪失意之人多了生存意志。

王拓描述升學是脫離貧困漁村的途徑，然而那些脫困成功的人們卻往往
變得冷漠無情，尤其在有金錢利益的衝突下，更見人性的醜陋面。

在八斗子這個偏僻的小漁村，有兩個名字只要一被提起，就沒有一個
人會不認識。一個是度天宮的聖母媽祖，一個就是賣雜貨的金水嬸
了。……前後生了六個兒子，並且還因為她的兒子們的上進，個個都
讀到大學，而使她成了八斗子大多數做父母的人尊敬和羨慕的對象。
她的大兒子叫阿盛，已經當了銀行經理；二兒子叫阿統，在稅務處做

〔註117〕清水，〈基隆碼頭歸去來兮〉，《臺灣春秋》第 7 期卷（1949 年），頁 17～18。
〔註118〕施蓀，〈基隆烟雨〉，《臺灣新社會》第 1 卷第 2 期卷（1948 年），45 頁。
〔註119〕王拓，《金水嬸》（臺北：九歌出版社，2001 年），頁 243。

> 專員；第三個兒子叫阿義，在遠洋漁船上當船長；第四個兒子則在商
> 船上工作，已經當大副，據說不久就可以考得船長的執照了。第五和
> 第六的兒子都還在讀書，一個已經大學二年級，一個今年就要高中畢
> 業了。……金水嬸的家道原本極為艱苦，她的丈夫又是一個沒有責任
> 的好吃懶做的人，而她竟能使每一個兒子都讀書。所以，一提起金水
> 嬸來，八斗子的人無不豎起大拇指打從心底稱讚她。

兄弟爭相推諉責任，不願意為亡父償還債務，《金水嬸》將這些利慾薰心的兒
子們，做深刻的敘寫，金水嬸辛苦三十幾年，盼到兒子長大，成家立業，原來
都只是一場空夢……。〔註120〕新舊社會的價值觀產生的矛盾，便構成金水嬸
和兒媳之間的代溝。金水嬸從八斗子帶一些自己曬的魚乾去看兒子，兒媳不
屑，金水嬸不小心滑倒，兒媳在乎的竟是日本的花瓶怕被打破，去見在合作
金庫工作的兒子，卻被兒子嫌東嫌西，把母親的愛糟蹋，把母親的舉止當做
是極大的羞恥，把她從合作金庫的後門送了出來。〔註121〕倫理親情禁不起金
錢虛榮的考驗，在漁業社會，認為兒女孝順父母是理所當然，村裡的人無不
羨慕金水嬸老來得福，金水嬸也喜孜孜的認為應該如此，然事實與金水嬸的
認知大大的不同，金水嬸被兒子奚落，實在情何以堪。然親情與金錢的拔河，
也正是現今社會的寫實映像，社會有黑暗相對有光明，在王拓的小說藝術中，
無愁雲慘霧的夢囈，也無顧影自憐的感傷，《金水嬸》是敘寫臺灣鄉鎮母親永
恆的健康形象，也重新審視人性的尊嚴與人性的多重面貌，善用地方語言書
寫，更善於人物的刻畫，以基隆八斗子的平常事情為故事背景，是寫實文學
的新里程，更為臺灣文學開拓一個新方向。

（2）東年（1950～）《失蹤的太平洋三號》　1985年

東年，基隆人，他的散文多描寫臺灣生活的回憶和感情，小說以敏銳的
觸覺探索臺灣現代社會中人的處境和問題，尤其是農業社會在環境快速的
發展下所發生的劇烈改變，表達高度的關懷。《失蹤的太平洋三號》運用大
篇幅閩南語對白，是戰後臺灣文學中閩南語文學的初見和範本，所以東年
亦屬鄉土文學作家，後來的小說更深入佛典，表現佛學思想，以及關於臺灣
歷史的敘述小說，獨樹一幟。〔註122〕《失蹤的太平洋三號》以戒嚴時期為

〔註120〕王拓，《金水嬸》，頁19。
〔註121〕王拓，《金水嬸》，頁21。
〔註122〕陳芳明，《臺灣新文學史》，頁574。

時空背景，〈太平洋三號〉的失蹤意味著戒嚴時代的無情，記錄對這段黑暗歷史。

　　東年為寫《失蹤的太平洋三號》，欲了解遠洋漁船船員故事而親自上船，走過太平洋與印度洋直抵南非。1970 年代正是兩岸高度敵對狀況，主題描述一位信仰無政府主義的青年知識份子，踏上遠洋漁船的跑船工作，並隨時伺機將船隻開往中國大陸的故事。

　　　「姦，時機這壞轉去做啥？」輪機長說：「船駛駛去中國大陸上好。」
　　〔註 123〕

這樣的題材，在未解嚴前，對當局是很大的挑戰。小說中也提及來自各地船員在船上的工作情形以及避風上岸時，與不同國家的港都人民與文化互動的群像，更清楚呈現原住民在資本主義下被壓迫的事實，以及遠洋漁船上，嫖妓、酗酒、暴力等諸多黑暗面，表達人性被扭曲的陰暗縮影。

　　　我隨著「太平洋三號」縱越南大西洋，過赤道，到了西北非洲的象牙海岸，停泊在阿必尚港。這個河海交錯的海港某一個角落被日本人租用了；……有一個受傷的法國船長氣急敗壞的從街上回來，一路咆哮的詛咒黑人為豬玀；事情如此：街上有上百的黑人，集體搶劫各種遊樂場所的外國人。西班牙船尾的吉他鬧聲，曾經因為這陣突然的喧嚷停息片刻，但是，只一會兒，我又聽得佛來明哥吉他的悲傷弦律和壯烈節奏，而葡萄牙人繼續愉快的喝他們的紅葡萄酒。夜漸深的時候，一個身材矮小的韓國船長在全體船員的目視下，以跆拳道有板有眼的連毆帶踢一個船員，打得鼻破血流。我不明白為什麼這個魁偉的船員會馴服的，面對面的，逆來順受的。挨打五六十公尺遠，而不敢回頭奔逃，或許為了生活，或許為了強加的紀律……。德國人為那個聖誕夜掀起高潮，他們必定大杯歡欣的喝過許多甘醇的啤酒才會那麼有勁；雄壯的歌聲力透船艙的鋼甲，在平靜的黑夜的海面拂起波紋。一個黑人漁夫搖著舢舨在波紋上網魚；更多的黑人，一些共產黨員，圍坐在碼頭外的營火聚會並敲打木板做的風鼓，這種急速錯亂的肅殺鼓聲，在叢林的時代或有獵人頭的寓意。事實上，幾天以後，當這些外國商船卸下機械、汽車等等昂貴船貨，而載走廉價的礦砂和木材，

〔註 123〕東年，《失蹤的太平洋三號》（臺北：聯合文學出版社，1985 年），頁 P231。

並沒誰把頭顱留在碼頭。〔註124〕

這些景象，眾多的族群，東年對異地的自然景物、文化風俗充滿好奇，客觀又理性的觀察，以寫實手法，描寫細節深入，甚具海洋文學特色。臺灣四面環海，長遠以來的族群文化擁有濃厚的海洋性格，然而從 1949 到 1987 年長達將近四十年的「海禁」，使得在這個階段成長的臺灣人幾乎無法體會臺灣與海洋的關係。〔註125〕東年跨越禁令，將船航向中國，甚至討論中國，這都是戒嚴時期最大忌諱。

> 為了中國的遠景，臺灣海峽兩岸即使繼續保持隔離和武力對抗，也應該互通技術、資本和生產原料及產品。在這個理念中他確認並且肯定臺灣這二三十年的經濟發展於中國歷史上有先驗的意義，並且認為在這樣的階段中由臺灣主動推動談判，則於中國現代史上更會有無法磨滅的價值。……不久，「太平洋三號」完全失蹤了。〔註126〕

東年認為「臺海有政治力的阻隔，但技術、資本、原料、產品等可互通有無」這樣的信念，以前如此，現在也如此，東年當年的堅持在今日已經應驗。東年善運用人的景況來書寫整體社會，以〈太平洋三號〉的失蹤為主題，是對禁聲的時代發出最無聲的怒吼，暗喻知識分子對當局的控訴，打破當時禁忌的議題，無懼戒嚴時的白色恐怖，又以大量的閩南語書寫，揭示民族歷史文化和社會現實的衝突問題，諸此類的啟示性、寓言性作品，洞察現代人焦慮不安的大眾意識，東年無愧是富有文學韻味又獨具慧眼的社會學家。

4. 報導文學

報導文學，以散文形式書寫，注入作家對現實的關懷，書寫過程是漫長的，必須經過長時間的觀察與蒐證，以誠實客觀的態度顯示事實，有特定的方向、題材，具備實踐文學的特質〔註127〕，亦即必須蒐尋大量的佐證資料，甚至影響歷史的改寫，藍博洲認為報導文學是在新聞和文學之間的現實主義的文類並兼俱審美形式。〔註128〕報導在於真，文學在於美，《幌馬車之歌》，

〔註124〕東年，《失蹤的太平洋三號》，頁 272～273。
〔註125〕戴寶村，《臺灣的海洋歷史文化》，頁 213。
〔註126〕東年，《失蹤的太平洋三號》，頁 265～270。
〔註127〕陳明臺，《臺中市文學史初編》（臺中：臺中市立文化中心，1999 年），頁 159。
〔註128〕編輯部，〈藍博洲專欄──穿越時空的青春痛痕與血痂〉，《印刻文學生活雜誌》第 10 卷第 9 期（2014 年 5 月），頁 44。

鍾浩東與妻訣別，從容赴義，歌聲響起，彷彿歷歷在前，文學的美與真，盡在其中。沈振中觀鷹：抓枝遨翔、鷹兒爭風吃醋、到鷹兒因捕獸夾死亡……，老鷹世界也有真感情，老鷹傷別離，繞妻二十二回，只是誰理雁丘詞。沈振中據實記錄老鷹日常生活，擬人化的書寫，情境感人，不失真與美。報導文學的主體往往具有其文化性或生態性之人道關懷，沈振中、藍博洲的輔助寫作的方法，誠如楊素芬所言：「向新聞學借火、向歷史學求佐證、田野調查找線索、照相攝影窺真相。」〔註 129〕這四種方法，上山下海尋真相，有別於一般的寫作方式，形成基隆另類特色文學。

（1）沈振中（1954～）《老鷹的故事》　1993 年

沈振中，基隆人，以老鷹為觀察紀錄對象，立志為臺灣老鷹做二十年的生命見證，他以時間為軸，將老鷹擬人化，詳述老鷹的生活點點滴滴活潑有趣，也控訴人類文明對老鷹的迫害，同時在文章中表現出尋找、發現老鷹過程中的心路歷程，並探討老鷹生存空間，期許人類尊重大自然，「今日鳥類，明日人類」，語重心長。

A. 報導動機

沈振中於 1992 年遇見老鷹，1993 年辭去教職，全心投入臺灣老鷹觀察記錄工作，只為找回臺灣消失在天空中的黑鳶。

B. 報導目的

千百年來老鷹緊靠人類而活，但臺灣卻變成亞洲唯一老鷹大量消失的國家，五十年前臺灣的農田中四處有老鷹，今卻不復見，「救老鷹也是救人類自己」。生態環境與人類的永續息息相關，需要人們深深反思。

C. 實際行動

沈振中用 20 年的生命紀錄老鷹的生活：《老鷹的故事》、《鷹兒要回家》並與導演梁皆得耗時 23 年，以紀錄片《老鷹想飛》拍下「老鷹先生」沈振中投身尋找臺灣黑鳶消失原因的過程。《老鷹想飛》由吳念真獻聲錄製旁白、林強配樂，不僅是記錄黑鳶生態的紀錄片，更是對臺灣環保與生態的警鐘，由《老鷹的故事》靜態記錄，同步拍攝《老鷹想飛》紀錄片，雙管齊下，對報導內容的宣導更有助益。

〔註 129〕楊素芬，《臺灣報導文學概論》（臺北縣：稻田出版社，2001 年），頁 66～73。
　　　　　楊素芬（1971～），基隆人。

D. 記錄過程《老鷹的故事》

沈振中日復一日，用望遠鏡，用最原始，也最不干擾的方法，遠遠的定點觀察，在風狂吹的芒草山頭，為老鷹們逐一取名，並記錄牠們的行蹤，筆記老鷹整日的行為——黃昏的聚會，抓枝遊戲、交尾、築巢、下蛋、教導小老鷹飛翔……等。

> 我決定用最原始、最笨的方法，用筆記下牠們整日的行為，……我也要拍下牠們生存環境的變遷，定點定時的拍照，看看人類是如何在迫害其他大自然的子民。我也將用這一年的所有週日、假日到基隆地區的其他山頭，去拜訪那些零星、仍試著在人類的文明中堅守一個小小的山頭、試著在人類高聳建築與無處不在的垃圾中求生存的老鷹們，並逐一替牠們留下生活紀錄。〔註 130〕

然後發生慘劇，遠遠地看見白斑被獵鳥人置放在巢位的捕獸夾夾住嘴喙，從奮力掙扎到死亡。而白斑的伴侶浪先生，則在妻子身邊來回衝叫 22 圈。〔註131〕這一幕真是令人心疼不捨，動物界也有真性情。沈振中觀察的老鷹或受傷或死亡，怪手則寸寸進逼老鷹棲身的外木山區，「是老天爺派遣我來記錄老鷹的毀滅史嗎？」他心痛到近乎絕望：

> 去年冬天，這群老鷹棲息的位置原本在瑪鍊山。今年，瑪鍊山山頭遭人偷偷違法開發，牠們被迫移到這處外木山山區。可是，再過不久，牠們現在棲息的山坡將開闢為滑草場，而春初時築巢的山壁也會因道路穿過，遭到毀滅。老鷹能棲息的環境，往往是危崖高聳的峭壁，這樣的地形在北海岸只剩此地，北臺灣最後的老鷹族群將何去何從呢？……一個沒有老鷹的基隆又會是什麼樣的港口呢？任何住在基隆的市民都知道，即使在今天這樣惡劣自然環境下，當他們前往港邊的公路局搭車，晨昏時還能看到老鷹們在基隆港逡巡。牠們是最能代表基隆港活動地標的自然生物。這個福氣是其他地區市民所無緣目睹的。〔註 132〕

背部有斑點、腹部有縱紋，這是黑鳶的明顯特徵。黑鳶的巢內竟有內衣褲、手套、塑膠袋、泡棉等人類物品，令人感慨也感傷，此景激發我們對臺灣這

〔註 130〕沈振中《老鷹的故事》（臺北：星辰，1993 年 4 月 5 日），頁 28。
〔註 131〕沈振中《老鷹的故事》，頁 22。
〔註 132〕沈振中《老鷹的故事》，頁 7。

塊土地永續維護的生態省思。正午基隆港的海洋廣場，正常的狀態，每天約下午四點，天空會有約二十幾隻黑鳶盤旋，直到黃昏。港邊的大人小孩不約而同的驚呼，臉上綻放笑容，港口的老鷹似乎帶來療癒的力量。

E. 觀察記錄結果

老鷹大量消失的原因，答案竟然藏在南臺灣的萬丹紅豆田裡⋯⋯臺灣農民大量濫施農藥、老鼠藥，破壞農田環境，可能是臺灣老鷹銳減的主因。將來若不減少殺蟲劑的使用，努力保護農地，有朝一日人們也會遭遇不可測知的危險。

透過書籍與電影喚起人們對環境的重視，回到那個「老鷹捉小雞」的年代。老鷹因為吃下胃中有毒稻穀的麻雀而間接中毒，這一發現讓沈振中《老鷹的故事》的結局出現戲劇性的轉折，老鷹數量之所以北多於南，原因也就在此。

寫實主義善於揭發工業社會的殘酷面，與報導文學相互呼應，檢討工業社會的汙染，造成大自然的傷害，如沈振中觀鷹；觀鷹的沈振中，豐富這階段自然散文的精神與內容，報導文學，從未離開土地現場，在最危險的荒野山區，經過觀察與考察，帶回第一手信息，這些信息比寫實主義還寫實，比人道主義更人道，比人文關懷還關懷〔註 133〕，「世界無國界，所有生命皆尊貴且平等，宇宙各文明間和諧往來。」〔註 134〕這是沈振中在他的生前遺囑中提到的，足見他對大自然的熱愛，因為愛，他對老鷹無怨無悔的付出，是為臺灣老鷹之父。

（2）藍博洲〔註 135〕（1960～）《幌馬車之歌》　　1988 年

那些被遺忘的真相，只是暫時被封藏，總會有某些人在某個時間，會打破沉默，拼湊出更完整的景像，還原歷史真實的過程，《幌馬車之歌》將真實存在過的歷史揭示於世，基隆高中校長鍾浩東，愛祖國卻被祖國賜死，覆巢之下無完卵，愛祖國理所當然，就如岳飛愛祖國保護祖國，卻以莫須有罪名被賜死，鍾浩東對祖國之愛沒有錯，為祖國視死如歸，留取丹青照汗青。

A. 《幌馬車之歌》簡介

《幌馬車之歌》書寫一位臺籍知識份子鍾浩東（1915～1950 年）的時代

〔註 133〕陳芳明，頁 655。
〔註 134〕沈振中，《老鷹的故事》，頁 246。
〔註 135〕藍博洲著有《幌馬車之歌》、《藤纏樹》、《臺北變人》、《你是什麼派》。

悲劇，鍾浩東生在日本統治下的臺灣，自小富於民族意識，中日戰爭爆發後，便帶著妻子蔣碧玉（1921～1995年）與同志在大陸抗日六年餘，作戰流亡，連生下的小孩都得送給別人，一直到抗戰勝利才返回臺灣，鹿橋《未央歌》內容是抗戰時期國民政府號召十萬青年十萬軍，大學生棄筆從戎，熱血青年童孝賢、藺燕梅、伍寶笙、余孟勤……的故事，這些人物都是小說創造出來的，鍾浩東是一個實實在在的人，非創造出來的小說人物，鍾浩東真誠的守護祖國，回臺後的鍾浩東，任基隆中學校長一職，展露辦校的才華與風格，直到二二八事變爆發，鍾浩東為啟蒙民眾對政治的認知，創辦地下刊物《光明報》，至1949年《光明報》事發，鍾浩東與同案多人被捕，在獄中一年多，於1950年被槍決，這個故事本身是擁有悲哀與憤怒的心情，但作者沒有讓情緒氾濫出來〔註136〕，這就是報導文學必須嚴守中立與真實的立場，也是小說布局的技巧，益發引人感心動耳，盪氣迴腸。

　　B. 小說的鋪寫

　　小說首先經由同案難友描述鍾浩東從容就刑的場面，故事以回憶錄的方式陳述少年鍾浩東、中年鍾浩東，直到鍾浩東死亡，他的弟弟帶回骨灰，並騙母親是請回來祈福的佛祖骨灰；然後跑到屋裡關起門來，先是乾號，然後放聲大哭，眼淚流個不停……。〔註137〕藍博洲讓一切後事處理到最後段落後，才將強忍喪親之痛的情緒宣洩出來，尤其蔣碧玉的聲聲呼喚：「和鳴，你在哪裡呀？」〔註138〕慟哉哀哉，那種無奈的揪心之痛，真是筆墨難形。

　　〈幌馬車の唄〉原是日本歌謠，譯為〈幌馬車之歌〉，是光復初期鍾浩東很喜歡的一首歌，歌詞大意是：

> 黃昏時候，在樹葉散落的馬路上，目送你的馬車，在馬路上幌來幌去地消失在遙遠的彼方。在充滿回憶的小山上，遙望他國的天空，憶起在夢中消逝的淚水忍不住流了下來。馬車的聲音，令人懷念，去年送走你的馬車，竟是永別。〔註139〕

白色恐怖受難者，臨去槍斃之時，難友們會一起唱受死刑者最愛的歌──送別，在日治時期最流行的歌首稱〈幌馬車之歌〉，幾乎人人都會唱，歌詞隱含

〔註136〕藍博洲，《幌馬車之歌》（臺北：時報文化，2016年），頁459。
〔註137〕原載爾雅《七十七年短篇小說選》，藍博洲，《幌馬車之歌》，頁460。
〔註138〕藍博洲，《幌馬車之歌》，頁346。蔣碧玉為蔣渭水之女。
〔註139〕藍博洲，《幌馬車之歌》，頁36。

離別哀傷的意味。《幌馬車之歌》作者藍博洲集史料、記錄與文學於一體，以紀實文學的形式，將冰冷的歷史還原重現，在悲情的當代，為已逝者討回公道，為生存者撫慰心靈。

C. 悲情城市與鍾浩東

侯孝賢說：「歷史就是要有像藍博洲這般，一旦咬住就不鬆口的牛頭犬。再追蹤，再紀錄，再釘孤隻。凡記下的就存在。凡記下的，是活口，是證人，不要以為可以篡改或抹殺，這不就是歷史之眼嗎？我無法想像，沒有這雙眼睛的世界，會是怎麼樣的一個世界！」〔註140〕報導文學就是在挖掘一些不為人知的歷史真相，為苦難者爭公理、討公道，這才是人性的時代。

《悲情城市》時空分布在 1945～1949 年，一個政治不正確的時代，一個錯誤的時代，以九份、金瓜石、基隆為舞臺，以二二八事件為背景，導演侯孝賢，編劇吳念真；吳念真為瑞芳人，基隆中學畢業，對地方有深度情感，吳念真的創作理念是「能夠打動人心的，往往都是生命中小小細節的累積，每次創作我都覺得幸福，因為能夠跟大家分享，也因為創作，很多人都會主動傾訴生命故事。」吳念真說：「戲劇創作是要給人安慰與鼓舞的。」〔註141〕優秀的戲劇文學，每部作品都扣緊土地與人的關係，從垂髮到白髮，皆能從吳念真所執導或編劇的戲中，找到對映自身生活經驗的感動，「我寫戲，就是要挑跟民眾接近的東西，我不搞（大家搞不懂的）」「通俗其實是一種功力，要讓大家都能懂，這很難。」〔註142〕戲臺上一幕幕的悲歡離合，都是人生的縮影，數十年的歲月，在戲劇中一筆帶過，因此人生如戲，戲夢人生。《悲情城市》中的「林老師」角色即源自於鍾浩東，吳念真寫自己熟悉的母校與家鄉所發生的事，以通俗手法蒼涼筆調，在劇本中詮釋知識份子對祖國的憧憬逐漸退色，甚至絕望，引起社會廣大的迴響。

《幌馬車之歌》鍾浩東於抗戰勝利後回到臺灣，目睹國民政府的腐敗與反動，與內戰中的中共相比，明暗立判，於是他的思想迅速左傾，甚至加入地下黨，在 1949 年被捕之前，為他所熱烈盼望且相信即將到來的「解放」，

〔註140〕藍博洲，《幌馬車之歌》，頁 22。
〔註141〕楊媛婷，〈吳念真作戲貼近民心　幸福來自分享生命故事〉，自由時報，2016
　　　　年 4 月 22 日。九份、金瓜石隸屬臺北縣瑞芳鎮（今為新北市瑞芳區）。
〔註142〕楊媛婷，〈吳念真作戲貼近民心　幸福來自分享生命故事〉，自由時報，2016
　　　　年 4 月 22 日。

和國民政府進行殊死鬥爭。他最終求仁得仁，為理想犧牲，成為 1950 年白色恐怖的著名犧牲者之一……。〔註143〕政府本身就是一個錯誤，不願與錯誤同流合汙，臨死又被汙名化，由愛國變成叛國，愛祖國卻被祖國冤死，這真是個錯誤的時代。

在黯沉的歷史舞臺上，藍博洲以報告劇的形式寫臺灣史，他書寫鍾浩東和鍾理和的兄弟之愛、蔣碧玉與他三個兒子的母子之愛、鍾浩東母親至死不知其子已死亡的痴痴母愛，鍾浩東與蔣碧玉之間沒有機會卿我的夫妻之愛，與妻訣別書也包含更大的同胞之愛。〔註144〕鍾浩東安靜地向同房難友一一握手，然後在憲兵的押解下，一邊唱著他最喜歡的名曲：〈幌馬車之歌〉，伴奏著鍾浩東行走時的腳鍊拖地聲，押房裡也響起由輕聲而逐漸宏亮的大合唱……。通過《悲情城市》中押房裡合唱〈幌馬車之歌〉的鏡頭，正是侯孝賢拍出所謂「臺灣人的尊嚴」〔註145〕與「生為祖國，死為祖國」的豪情，不論是電影《悲情城市》或《幌馬車之歌》一書，猶如時光隧道，真實情景重現，死囚腳鍊拖地聲、槍決的槍聲，響透雲際，烙下一個歷史印記，一幕幕的場景，真實的歷史也重見天日，還給鍾浩東清白，鍾浩東還是那個愛國的鍾浩東。

在報告文學上，藍博洲刻意提升白色恐怖時期受害者的人格，無非是為強化統派的話語權，並且通過左翼史的再建構，企圖使臺灣史與中國近代史連結起來。其用心良苦，普遍受到受到矚目。〔註146〕知識分子對當時的現實政治深表絕望，於是對政治採取不聞不問的消極態度。至於一般民眾的政治態度，則與日治時期一樣，「對政治再也不關心，只為自己的生活而專心工作。」〔註147〕這樣的歷史悲情正是藝術創作的活水源頭〔註148〕，文學經過苦難，文學之花開得更燦爛。

藍博洲將口述歷史資料做一番整理，經過考據、挖掘與查證，把被曲解的歷史加以還原，進而建構平反政治受難者的新議題，可謂報導文學的新疆界。讓歷史不再有禁忌，讓人民不再有悲情，清領時期的械鬥與二二八事件的不幸，皆是族群撕裂所造成的悲劇，在經過歷史的陣痛，希冀族群融合，悲劇終止。

〔註143〕藍博洲，《幌馬車之歌》，頁 24。
〔註144〕藍博洲，《幌馬車之歌》，頁 29。
〔註145〕原載 1989 年 12 月 25 日〈自立副刊〉，藍博洲，《幌馬車之歌》，頁 417。
〔註146〕陳芳明，《臺灣新文學史》，頁 635。
〔註147〕藍博洲，《幌馬車之歌》，頁 447。
〔註148〕藍博洲，《幌馬車之歌》，頁 455。

第六章　結　論

　　回顧基隆文學發展，明鄭之前，基隆文學為洪荒時代，清領、日治時期，處處皆有基隆俗文學，或充滿趣味性，或喜或悲，每則諺語都是故事，每個傳說，都是文創淵源，採茶歌，歌謠……可見純樸民風。基隆原住民文學，因原住民並無文字，以口傳文學為主，遺憾的是民國以來未發現基隆原住民作家作品。

　　及至清朝，宦遊文人寓居基隆，基隆文學乍見曙光，近代學者研究基隆文學，皆屬片段式，基隆文學呈現支離破碎樣貌，因此必須建構基隆文學發展史，本研究巳略具雛形；清朝寓居基隆的文人雅士，多以自然山水為吟詠對象，其間對臺灣社會現象，在觀察之餘，並題詩或做傳記，最具代表性的作品有郁永河《稗海紀遊》，另李逢時基隆八景詩，後世多以之為範本續作，如李梓桑基隆八景詩，後又有八斗子八景……基隆八景中最有爭議者為〈雞籠積雪〉，經多方論證，〈雞籠積雪〉確實存在；基隆文學發展晨光初起，移墾來臺的人民，因生計而有衝突，械鬥時有所聞，北管子弟戲械鬥也拚戲，每每械鬥死傷慘重，地方賢達奔相勸合，以鄭用錫〈勸和論〉最負盛名，咸豐年間，一次頂下郊拚，死亡人數高達 108 人，鑑於此次械鬥教訓，經地方大老協議，同意「以陣頭代替打破頭」，於是有「輸人不輸陣」的諺語出現，雞籠中元祭於焉產生，曾經象徵基隆精神的子弟戲已繁景不再，代表基隆市鳥：老鷹，已逐漸漸少，曾盛極一時的基隆古典文學，文風也不如昔，未來基隆精神為何，留待探討。

　　日治時期文人輩出，當地詩家陳其寅、陳梓桑、周植夫……冠蓋雲集，詩社盛會不勝枚舉，因處殖民時代作家處境艱難，無法暢所欲言，基隆傳統

派詩人，作風保守，僅守分際，寄情山水；西學東漸，新文學派不甘示弱，於日治時期發生第一次鄉土論戰，皇民化運動使漢文、漢語受限制，臺灣文學面臨第一次文化斷層。光復後，臺灣文學獲得短暫自由，旋遇二二八事件，臺灣文學再度面臨第二次文化斷層，戒嚴末期，又有現代詩論戰，第二次鄉土論戰，文學字堆的戰火，轟轟烈烈，基隆文學在浴火下蛻變，再進化。

日治時期日本為安撫文人允予詩社成立，基隆文人雅士各展長才，這亦屬基隆一項文學的成就，小鳴吟社，大同吟社……江山代有人才出，另於五四運動後，新文學產生兩位日人文學家，一為石版莊作，興圖書館，建學校，口碑載道，惠及鄉里，令基隆市民至今仍追思之，另一西川滿，自幼在臺灣成長，視臺灣為第二故鄉，在其文學作品中，時可見到臺灣話文，對臺灣話文的保存，貢獻良多；因逢時代巨變，周金波誠實描述當時的社會人民欲藉成為皇民取得平等待遇，反而被視為皇民文學，飽受批評，但以今日角度視之，在二二八事件之後，也有類似的時代背景，現今也不忍苛責。

臺灣光復，因國民政府的政策及官員貪腐，民心思變，國民政府因國共內戰，視臺灣為物質供應地，榨取臺灣資源，仿若殖民地。二二八事變後，以武力鎮壓，再行清鄉，中華民國到臺灣之後，推行國語、禁方言，實施戒嚴，白色恐怖令作家改變文風，不直接批評時政，反而以寫實風格，間接對政府提出不滿訴求。文人作家熱情投入社會，民眾歡欣迎接祖國歸來，這樣的期待卻全然粉碎，文字獄使文人作家流離失所或死於非命，經過白色恐怖時期，形成臺灣族群對立，對國家認同分歧，反共文學切斷新文學脈絡，內容乏陳真實社會層面；1950 年代後寫實主義蔚為風潮，1987 年，政府對文學界釋出善意，所謂的「禁書，禁歌」解禁，臺灣至此，走出悲情。1990 年代文學發展，創作多元化、活潑化，新世代作家各展其才，基隆地區的報導文學，以沈振中《老鷹的故事》、藍博洲《幌馬車之歌》，最具特色；而各縣市文化中心對區域文學逐漸重視，田野調查，訪談作家及地方耆老，回顧與尋根工作，於焉展開，各地區域文學史興起；隨著時代的改變，原住民意識覺醒，抗議漢人長期欺凌，於是 1980 年代後有正名運動、反核廢料運動……原住民文學也進入臺灣文學史的一環。

基隆原為凱達格蘭族所居，今卻變成弱勢族群，每個族群都不該消失，每個族群都有其特殊文化，都該保存下來，現今在和平島有凱達格蘭文物館，足以欣慰。因基隆礦業與漁業需要大量勞力，原住民各族群遷徙到基隆，豐

富基隆文化，在自由民主的今天，原住民多數在臺灣已能獲取尊重與各族群和平共處。

　　文學歷經烽火，浴火鳳凰，文學之花綻放，當代新秀王拓、鄭愁予、吳念真、羅青，東年……真是人才紅利的時代，解嚴後更是大環境的巨變，對古典文學不利，新文學興起，古典文學式微，所幸古典文學在網路世界尚有一席安身之地。經現代詩論戰，第二次鄉土文學論戰結果，臺語話文、白話文，古典學派也接受，文白合流，已達成共識。

　　細數臺灣三百餘年歷史，漫漫長路，基隆文學在時代遞變中，古典文學由盛轉衰，新文學欣欣向榮，由於文學史的斷代性，臺灣歷史太過急促，異族統治時期不長，文化跨越二代的連續性，有著太沈重的負擔，臺灣文學的轉變是時代所逼，歷盡滄傷、苦難，終於脫穎而出，由傳統到現代，文學史不斷的演化，從古典文學遣詞用字嚴謹，充滿歷史意義的古典詩，到現今的實驗文字，大膽用語，羅青、東年……帶來文學新氣象，鄭愁予新詩開啟基隆海洋文學之風；有什麼樣的時代，就有什麼樣的文學，可預見的是，二十一世紀，將是海洋文學的世代，區域色彩濃厚的海洋文學，將是臺灣文學重要的脈絡，基隆文學也勢必會有一番不同新風貌，持續發展，基隆文學史基此建構完成。

　　基隆區域特色有豐富的文史資源、自然資源、文人資源及有優良文學傳統（古典文學與詩社，地方戲曲子弟戲……），只是關於基隆文學史及其相關論述，有陳青松《基隆古典文學史》與邱天來《基隆詩社發展史》，亦是歷史片段，目前還沒有一部史學專書出版。不過基隆市政府舉辦海洋徵文比賽，積極培育新秀，基隆地區歷來的古典詩歌、民間文學、俗語，以及戰後的文學發展，已經有幾位博碩士生進行研究，並且有所成就。

　　以文學社會學的角度分析基隆文學的發展，自光復後基隆文學在大環境改變下，早期以古典文學為學術主流，現今光環漸退，基隆市政府雖舉辦許多文化活動，卻非文學活動，又基隆只有幾家小型文具店，更遑論大型書店，原在市中心的誠品書店、金石堂書店，先後關門大吉，沒有看書與買書環境，對基隆文學的發展是為不利；基隆只有一公立大學院校：國立海洋大學，位於中正區，私立大學院校有經國管理暨健康學院：位於安樂區，崇右技術學院，位於信義區，這與緊鄰的臺北市、新北市相較下，文化氣息遜色許多，又在經濟不佳的情況下，人才外流，這是不爭的事實。

　　詩社的社員老化、衣缽無人、缺乏學習誘因，是詩社式微的關鍵，又在新制教育體系下，國高中國文課程大量刪減文言文，重視西式教育，傳統漢學乏人問津，導致今人國學基礎薄弱，作古典詩困難。擊缽吟陷入無力推陳出新困境，為振興詩社，宜積極培養傳統詩人，培養傳統詩人不外往下紮根與學校、社區推廣兩途。傳統詩的發展，可以結合高中、國民中、小學鄉土教學課程或社團活動，一般學童難以寫詩，當從吟詩教起，培養興趣，日後有機會成為傳統詩人。

　　基隆文學受主客觀因素影響，文學要尋一生路，文學行銷是有必要，基隆文學家，如陳其寅、許梓桑、周植夫、向陽、蕭蕭、羅青、東年、王拓……等優秀文人，基隆市政府若願行銷文學，實有助益文學發展，例如開辦基隆文學展（含書展），基隆文學月、作家走入校園、文化中心廣告牆高掛基隆文學作家群像……等活動。欣聞基隆市催生名人藝文博物館或紀念公園〔註1〕，樂觀其成；早期詩社舉辦文學活動是自發性，現在詩社衰微，政府應承接文學發揚任務，因為文學可服務民眾，撫慰人心。

　　地方文史工作是最基本的鄉土教育，應鼓勵各級學校在課外注重鄉土教育，因為不能愛鄉便不能愛國；若能以區域文學史為核心，分階段從小學、國中到高中，適時導入在地文學作家生平事蹟與作品介紹，或在學校開設基隆學，教授「我愛基隆」……等課程，更能落實現行 108 學年課綱中「鄉土教材」與高中國文課綱中「區域文學」選修課程的設計，對於提供學生文學與歷史、土地的鏈結，愛鄉愛土地情感的形塑與培養，相信會有更具體的成效。

　　以區域文學角度視察基隆文學，凡是具有基隆特色的文學，即是基隆文學的一部分，檢視基隆文學發展史之建立、重構鄉土情懷之執行、海洋文學再出發，營造基隆文學榮景之願望，期能帶給基隆文學新的活力泉源。文學史就像是一場無止盡的馬拉松接力競賽，一棒接一棒，過程中有傾倒、受傷、累癱、停頓，但仍要屢仆再戰，群體的文人完成階段性任務，有傳統、有創新、有突破，文學花開，以美麗文峰輝映人生的來時路。

〔註1〕盧賢秀，〈曾受 228 影響……走讀葉俊麟、周金波　催生基隆名人藝文博物館〉，《自由時報》，2019 年 4 月 14 日。

參考書目

一、古籍

1. 孔穎達，《周易正義》，《十三經注疏》，北京：中華書局，1980 年。

2. 李逢時，《泰階詩稿》，臺北：龍文出版社，2001 年。

3. 班固，《漢書》，北京：中華書局，2008 年。

4. 施士洁，《後蘇龕合集》，臺北：臺灣銀行經濟研究室，《臺灣文獻叢刊》第 215 種，1965 年 11 月。

5. 曹雪芹，《紅樓夢》，臺北：喜美出版社，1982 年 3 月。

6. 連橫，《臺灣詩薈》，南投：臺灣省文獻委員會，1992 年。

7. 連橫，《臺灣通史》，臺北：臺灣通史社，1920 年。

8. 連橫，《臺灣通史》，臺北：五南出版社，2017 年 6 月。

9. 連橫，《臺灣詩乘》，臺北：臺灣銀行經濟研究室，《臺灣文獻叢刊》第 64 種，1960 年 6 月。

10. 連橫，《臺灣詩鈔》，臺北：臺灣銀行經濟研究室，臺灣省文獻委員會，1997 年 6 月。

11. 陳倫炯《東南洋記》（收入氏著《海國聞見錄》，臺北：臺灣銀行經濟研究室，1958 年 9 月。

12. 劉勰著，戴月芳主編，《文心雕龍·神思篇》，臺北縣，錦繡出版，1992 年。

13. 鄭用錫，《北郭園詩鈔》，臺北：《臺灣文獻叢刊》第 202 種，1964 年 11 月。

14. 鶡冠子撰，黃懷信整理，《鶡冠子彙教集注》，北京：中華書局，2004 年。

二、地志

1. 王國璠，《臺北志》，臺北：臺北文獻委員會，1970 年 6 月。

2. 朱仕玠，《小琉球漫誌》，臺北：臺灣銀行經濟研究室，《臺灣文獻叢刊》第 3 種，1957 年。

3. 李汝和主修，《臺灣省通志·卷一土地志》，臺北：臺灣省文獻委員會，1970 年。

4. 范咸，《重修臺灣府志》，臺北：臺灣銀行經濟研究室，《臺灣文獻叢刊》第 105 種，1961 年。

5. 洪連成，《重修基隆市志》，基隆：基隆市政府，2001 年。

6. 高拱乾，《臺灣府志》，臺北：臺灣銀行經濟研究室，《臺灣文獻叢刊》第 65 種，1960 年。

7. 陳其寅，《基隆市志》，基隆：基隆市政府文獻委員會，1956 年。

8. 基隆市政府文獻委員會，《基隆市志》，基隆：基隆市政府文獻委員會，1956 年。

9. 基隆市政府編，《基隆市志》，基隆：基隆市政府民政局，1979。

10. 陶一經，《基隆市志》，基隆：基隆市政府，1957 年。

11. 陶一經，《重修基隆市志》，基隆：基隆市政府，2001 年。

12. 陳培桂，《淡水廳志》，臺北：臺灣銀行經濟研究室，《臺灣文獻叢刊》第 172 種，1963 年。

13. 周鍾瑄，《諸羅縣志》，臺北：臺灣銀行經濟研究室，《臺灣文獻叢刊》第 141 種，1962 年。

14. 簡萬火，《基隆誌》，基隆：基隆圖書出版協會，1931 年。

15. 蔣毓英，《臺灣府志》，北京：中華書局，1985 年。

16. 臺北廳御編纂，《臺北廳誌》，臺北：株式會社臺灣日日新報社，1919 年。

三、專書

1. 于天池、李書，《教你讀詩經》，臺北：秀威資訊，2012 年。

2. 王甲輝，《臺灣民間文學》，上海：上海文藝出版社，2005 年。

3. 王志仁，《基隆學研究文獻目錄 I》，基隆：作者自印，2008 年。

4. 王孝廉，《神話與小說》，臺北：時報出版，1986 年。

5. 王拓，《金水嬸》，臺北：九歌出版社，2001 年。

6. 王馗，《鬼節超度與勸善目連》，臺北：國家出版社，2010 年。

7. 王前主編，《海門擊缽吟集》第 3 集，基隆：基隆詩學研究會，1997 年。

8. 尹雪曼總編纂，《中華民國文藝史》，臺北：正中書局，1975 年。

9. 石坂莊作編，《基隆港》，臺北：成文出版社，1985 年。

10. 石守謙，《移動的桃花源——東亞世界中的山水畫》，臺北：允晨文化，
    2012 年。

11. 古繼堂，《臺灣新詩發展史》，臺北：文史哲出版社，1997 年。

12. 白慈飄，林聰仁，《北管春秋：藝師王金鳳訪談錄》，臺中：行政院文化
    建設委員會，1999 年。

13. 玄小佛，《細雨敲我窗·小木屋》，臺北：南琪出版社，1976 年。

14. 安倍明義，《臺灣地名研究》，臺北：杉田書店，1938 年。

15. 伊能嘉矩著，楊南郡譯著，《平埔族調查旅行》，臺北：遠流，1996 年。

16. 江寶釵纂修，《嘉義縣志》，嘉義：嘉義縣政府，2009 年。

17. 邱天來，《基隆詩社發展史》，基隆：基隆市立文化中心，2016 年。

18. 邱天來，《海天詩草》，自印，2009 年。

19. 邱坤良：《日治時期臺灣戲劇之研究》，臺北：自立晚報，1992 年。

20. 何培夫，《臺灣地區現存碑碣圖誌：宜蘭縣·基隆市篇》，臺北：國立中
    央圖書館臺灣分館，1999 年。

21. 李歐梵，《現代性的追求》，北京：人民文學出版社，2010 年。

22. 杜正勝，《臺灣的誕生：十七世紀的福爾摩沙》，臺北：時藝多媒體，2003
    年。

23. 呂錘寬，《北管戲曲選集》，彰化：彰化縣文化局，2001 年。

24. 余燧賓主編，《基隆市民間采集（一）》，基隆：基隆市立文化中心，1999
    年。

25. 周曉琳、劉玉萍，《空間與審美——文化地理視域中的中國古代文學》，
    北京：人民出版社，2009 年。

26. 周慶華，《後臺灣文學》，臺北：秀威資訊，2004 年。

27. 東年，《給福爾摩莎寫信》，臺北：聯合文學出版社，2005 年。

28. 東年，《失蹤的太平洋三號》，臺北：聯合文學出版社，1985 年。

29. 林文義，《母親的河：淡水河紀事》，臺北：臺源出版社，1994 年。

30. 林芳玫，《解讀瓊瑤的愛情王國》，臺北：臺灣臺灣商務印書館，2006 年。

31. 胡萬川，《何謂民間文學？民間文學的采錄與整理》，豐原：臺中縣立文化中心，1993 年。

32. 胡萬川，〈從歌謠到流行歌曲：一個文化定位的正名〉，《民間文學的理論與實際》，新竹：國立清華大學出版社，2004 年。

33. 吳蕙芳，《雞籠中元祭：史實、記憶與傳說》，臺北：臺灣學生書局，2013 年。

34. 洪連成，《找尋老雞籠地名探源》，基隆：基隆市立文化中心，1993 年。

35. 洪連成，《基隆早期風情畫》，基隆：基隆市立文化中心，1988 年。

36. 洪連成，《滄海桑田話基隆》，基隆：基隆市立文化中心，1993 年。

37. 封德屏，《2007 臺灣作家作品目錄》，臺北：國立臺灣文學館，2008 年。

38. 約瑟夫·坎伯瑞著，魏宏晉等譯《共時性：自然與心靈合一的宇宙》，臺北：心靈工坊文化，2012 年。

39. 施翠峰，〈仙洞與白米甕〉，《思古幽情集（一）名勝古蹟篇》，臺北：時報文化，1975 年。

40. 翁佳音，《大臺北古地圖考釋》，臺北：稻鄉出版社，2006 年。

41. 范伯群，〈緒論〉，《中國近現代通俗文學史》上冊，江蘇：教育出版社，2000 年。

42. 徐福全，《福全臺諺語典》，臺北，自印，1998 年。

43. 孫大川主編，《臺灣原住民漢語文選集—評論卷》，臺北縣：印刻文學生活雜誌，2003 年。

44. 馬偕著，王榮昌等譯，《馬偕日記 II　1884～1891》，臺北：玉山出版社，2012 年。

45. 馬淵東一，《馬淵東一著作集》（二），東京：社會思想社，1974 年。

46. 夏黎明等著，《你不知道的臺灣古地圖》，新北：遠足文化，2014 年。

47. 陳映真，《孤兒的歷史·歷史的孤兒》，臺北：遠景出版，1984 年。

48 陳其寅，《懷德樓文稿》，基隆：基隆市文化基金會，1992 年。

49. 陳兆康、王前，《雨港古今詩選》，基隆：基隆市立文化中心，1998 年。

50. 陳信元等,《臺灣文學》,臺北:萬卷樓出版社,2001 年。

51. 陳青松,《基隆古典文學史》,基隆:基隆文化局,2010 年。

52. 陳青松,《基隆第一:人物篇》,基隆:基隆市立文化中心,2004 年。

53. 陳青松,《曠世奇才的石坂莊作》,基隆:基市文化,2006 年。

54. 陳捷先,《清代臺灣方志研究》,臺北:臺灣學生書局,1996 年。

55. 陳香,《臺灣竹枝詞選集》,臺北:臺灣商務印書館,2006 年。

56. 陳芳明,《臺灣新文學史》,臺北:聯經出版社,2011 年。

57. 陳淑容,《曙光出現——臺灣新文學的萌芽時期 1920～1930》,臺南:國立臺灣文學館,2012 年。

58. 陳茂賢等,《基隆市海洋文學獎第四屆;公車短篇詩文暨童話故事得獎作品集》,基隆:基隆市文化局,2007 年。

59. 陸傳傑,《被誤解的臺灣老地名》,新北:遠足文化,2014 年。

60. 尉天驄主編,《鄉土文學討論集》,編著者自印,1978 年。

61. 黃天,《釣魚島歸屬尋源之一:琉球沖繩交替考》,香港:三聯書店,2014 年。

62. 黃哲永主編,《海門擊缽吟集第四集》,新北:龍文出版社,2006 年。

63. 黃武忠,《日據時期臺灣新文學作家小傳》,臺北:時報出版社,1980 年 8 月。

64. 黃朝傳評注:〈謎拾原序〉,《謎拾評注》,臺北:新興書局,1958 年。

65. 黃素貞主編,《鑼鼓喧天‧話北管‧亂彈傳奇》,基隆:基隆市文化中心,1996 年。

66. 黃英哲編,《臺灣文學研究在日本》,前衛出版社:臺北,1994 年。

67. 黃美娥主編,《臺灣原住民族關係文學作品選集(1895～1945)》,臺北:原民會,2013 年 12 月。

68. 基隆詩學研究會,《海門擊缽吟集》第一集,自行出版,1985 年。

69. 基隆市文獻委員會編纂,《基隆市年鑑》,共有四輯,分別出刊於 1958、1970、1973、1976 年。

70. 基隆市郭氏宗親會編攝,《2008 雞籠中元祭》,基隆:基隆市郭氏宗親會,2008 年。

71. 張雙英,《二十世紀臺灣現代詩史》,臺北:五南出版社,2006 年。

72. 張葦菱等著，《106 年基隆海洋文學獎，散文得獎作品集》，基隆：遠景出版社，2017 年。

73. 張添進，《破浪吟草》，基隆：基隆市立文化中心，2001 年。

74. 許月梅主編，《基隆市少數族群：客家文史調查與研究》，基隆：基隆市立文化中心，2002 年。

75. 許梅貞編輯，《老藝師陳添火其人其藝共其事》，基隆：基隆文化，2003 年。

76. 許梅貞主編，《葉俊麟先生紀念專輯》，基隆：基隆市立文化中心，2001 年。

77. 許梅貞，《基隆民間文學採集（二）》，基隆：基隆市立文化中心，1999 年。

78. 許雅芬，《與山海共舞原住民》，臺北：秋雨文化，2002 年。

79. 許俊雅、吳福助，《全臺賦》，臺南：國家臺灣文學館籌備處，2006 年。

80. 許俊雅，《裨海紀遊校釋》，臺北：編譯館，2009 年。

81. 許曹德，《許曹德回憶錄》，臺北：前衛出版社，1990 年。

82. 葉石濤譯，《西川滿小說集 1》，高雄：春暉出版社，1997 年。

83. 葉石濤編譯，《臺灣文學集 1》，臺北：春暉出版社，1996 年。

84. 葉振輝，《劉銘傳傳》，南投：臺灣省文獻委員會，1998 年。

85. 彭瑞金，《高雄市文學史》，高雄：高雄市文獻委員會，2007 年。

86. 曾子良，《基隆民間采集（三）》，基隆：基隆市立文化中心，2005 年。

87. 曾子良，《悲天憫人的雞籠中元祭》，基隆：基隆市文化局，2017 年。

88. 曾子良，《基隆市文學類資源調查成果報告書》，基隆：基隆市立文化中心，2002 年。

89. 鈴木清一郎，《臺灣舊慣冠婚喪祭の年中行事》，臺北：臺灣日日新報社，1934 年。

90. 詹素娟、張素玢撰稿，《臺灣原住民史。平埔族史篇（北）》，南投：台灣省文獻委員會，2001 年。

91. 楊青矗，《臺詩三百首》，臺北：敦理出版社，2003 年。

92. 楊桂杰等編，《基隆市海洋文學獎第三屆歌詞劇本得獎作品集》，基隆：基隆市立文化中心，2006 年。

93. 楊桂杰主編，《基隆市第六屆海洋文學獎散文、現代詩暨古典詩得獎作品集》，基隆：基隆市文化局，2008 年。

94. 楊照,《文學、社會與歷史想像——戰後文學散論》,臺北:聯合文學,1995 年。

95. 楊義,《文學地理學會通》,北京:中國社會科學,2013 年。

96. 楊麗祝,《歌謠與生活》,臺北:稻鄉出版社,2000 年。

97. 楊素芬,《臺灣報導文學概論》,臺北縣:稻田出版,2001 年。

98. 楊龢之譯注,《遇見三百年前的臺灣——《裨海紀遊》》,臺北:圓神出版社,2004 年。

99. 趙天儀,《臺灣文學的週邊》,臺北縣:富春文化,2000 年。

100. 趙勳達,《《臺灣新文學》〈一九三五~一九三七〉定位及其抵殖民精神研究》,臺南:南市圖,2006 年 12 月。

101. 趙勳達,《狂飆時刻一日治時代臺灣新文學的高峰期(1930~1937)》,臺南:臺灣文學館,2011 年。

102. 廖穗華,《耆宿懷雞籠》,基隆:基隆市立文化中心,1992 年。

103. 廖振富,〈臺灣古典文學研究概述〉,《2006 臺灣文學年鑑》,臺南:國家文學館,2007 年。

104. 廖雪蘭,《臺灣詩史》,臺北:武陵出版社,1989 年。

105. 臺灣省文獻委員會編,《基隆市鄉土史料——耆老口述歷史(一)》,南投:臺灣省文獻委員會,1992 年。

106. 潘英,《臺灣平埔族史》,臺北:南天出版社,1996 年。

107. 潘英,《臺灣拓殖史及其族姓分部研究》,臺北:南天出版社,2003 年 3 月。

108. 蔣孟樑,《蔣夢龍詩書彙集》,自行出版,2002 年。

109. 蔡汝修編,《臺海擊缽吟集》,臺北縣:龍文出版社,2006 年。

110. 鄭愁予,《鄭愁予詩集》,臺北:洪範書店,1969 年。

111. 劉大杰,《中國文學發展史》,臺北:華正書局,1988 年。

112. 劉昭明,《中華氣象學史》,臺北:臺灣商務印書館,2011 年。

113. 劉廣英,《風起雲湧 氣象與作戰》,臺北:黎民文化,2013 年。

114. 劉廣英,《氣象萬千》,臺北:華岡出版社,2006 年。

115. 劉益昌,《臺灣原住民史史前篇》,南投:國史館臺灣文獻館,2002 年。

116. 劉還月等著,《尋訪凱達格蘭族:凱達格蘭族的文化與現況》,臺北縣:北縣文化中心,1998 年。

117. 劉麗卿，《清代臺灣八景與八景詩》，臺北：文津出版社，2002 年。

118. 橫貫公路資源調查團編，《經濟部橫貫公路資源調查報告》，臺北：經濟部橫貫公路資源調查團，1956 年。

119. 賴子清，《臺灣詩醇》，自行出版，1935 年。

120. 鮑曉鷗，《西班牙人在臺灣的體驗（1626～1642）》，臺北：南天出版社，2008 年。

121. 蕭蕭、張漢良編選，《現代詩導讀》，臺北：故鄉出版社，1979 年。

122. 蕭蕭編，《七十三年散文選》，臺北：九歌出版社，1986 年。

123. 蕭蕭，《暖暖壺穴詩》，臺北：紅樹林出版社，2003 年。

124. 簡萬火，《基隆誌》，臺北：成文出版社，1958 年。

125. 戴寶村，《臺灣的海洋歷史文化》，臺北：玉山社，2011 年。

126. 顏雲年，《環鏡樓唱和集》，自行出版，1920 年。

127. 韓高年，《中國文學史》，臺北：聯經出版社，2011 年。

128. 藍博洲，《幌馬車之歌》，臺北：時報文化，2016 年。

129. 雙春吟社，《雙春詩詞選集》第三輯，基隆：雙春吟社，2001 年。

130. 雙春吟社，《雙春詩會吟草》第一輯，基隆：雙春吟社，1989 年。

131. 羅慶雲，《雨港春燈》第一集，基隆：基隆市謎學研究會，1964 年。

132. 羅慶雲，《雨港春燈》第二集，基隆：基隆市謎學研究會，1971 年。

133. 羅慶雲，《雨港春燈》第三集，基隆：基隆市謎學研究會，1981 年。

134. 鷹取田一郎，《臺灣列紳傳》，桃園：華夏書坊，2009 年。

四、單篇論文

1. 王淑蕙，〈日治時期臺灣「燈謎」對《詩經》的運用〉，《高雄師大學報》第 29 期（2010 年 12 月）。

2. 西川滿，《龍脈記》，《文藝臺灣》第 4 卷 6 號（1942 年（昭和 17）9 月）。

3. 西川滿，〈文藝時評〉，《文藝臺灣》第 6 卷 1 號（1943 年（昭和 18）5 月）。

4. 余光中，〈詩人何罪？〉，《中外文學》2 卷 6 期（1973 年 11 月）。

5. 余光中，〈新現代詩的起點〉，《幼獅文藝》第 232 期（1973 年 4 月）。

6. 宋龍飛〈慶中元，讚普度：盂蘭盆會報親恩〉，《藝術家》第 64 期（1980 年 9 月）。

7. 邱雅芳,〈向南延伸的帝國軌跡——西川滿從《龍脈記》到《臺灣縱貫鐵道》的臺灣開拓史書寫〉,《臺灣學研究》第 7 期（2009 年 6 月）。

8. 李嘉瑜,〈理想化的完美山水——臺灣古典詩中的基隆八景（1895～1945）〉,《臺灣文學研究學報》第 18 期（國立臺灣文學館,2014 年 4 月）。

9. 周金波,〈建立皇民文學〉,《文學報國》第 3 號（1943 年 8 月 20 日）。

10. 林明理,〈美的使徒—淺談西川滿的文學思考〉,《臺灣文學評論》第 12 卷第 4 期（2012 年 10 月）。

11. 林明聖,〈康熙臺灣輿圖中的臺灣八景〉,《臺灣博物季刊》第 34 卷第 1 期（2015 年 12 月）。

12. 林強,〈河流的詩學:從鄉土世界到城市邊界——以臺灣當代散文中的淡水河和基隆河為考察對象（一九五〇～一九八〇）〉,《東吳學術》第 4 期（2017 年）。

13. 林燿德,〈前衛海域的旗艦——有關羅青及其「錄影詩學」〉,《文藝月刊》第 198 期（1985 年 12 月）。

14. 洪士惠,〈誰在說原住民／少數民族的故事?—論杜修蘭《沃野之鹿》與遲子建《額爾古納河右岸》的歷史書寫〉,《成大中文學報》第 38 期（2012 年 9 月）。

15. 胡萬川,〈從歌謠到流行歌曲:一個文化定位的正名〉,收於氏著,《民間文學的理論與實際》,新竹:國立清華大學出版社,2004 年。

16. 胡萬川,〈民間文學口傳性特質之研究——以臺灣民間文學為例〉,《臺灣文學研究學報》第 11 期（2010 年 10 月）。

17. 吳蕙芳,〈《臺灣日日新報》的地方節慶史料——以基隆中元祭為例〉,《臺北文獻》直字 164 期（臺北,2008 年）。

18. 吳惠芳,《世紀之交的基隆地域史研究（1990 年代～迄今）》；又本文最早載於《臺灣文化論集》,1954 年 9 月。

19. 柯喬文,〈基隆漢詩的「在地言說」:《詩報》及其相關書寫〉,《中正大學中文學術年刊》第 2 期（2008 年 12 月）。

20. 高大威,〈重溫古典的文章技藝〉,《文訊雜誌》275 期（2008 年 9 月）。

21. 翁柏川,〈區域文學史寫作再思考〉,《臺灣文學館通訊》第 6 期（2012 年 6 月）。

22. 陳漢光,〈臺灣八景的演變〉,《觀光季刊》第 1 期（1965 年）。

23. 陳芳明〈檢討民國六十二年的詩評〉,《中外文學》第 3 卷 1 期「詩專號」（1964 年 6 月）。

24. 陳青松,〈漫談基隆地區傳統文學發展史（上）〉,《臺北文獻》直字第 160 期（2007 年 6 月）。

25. 陳凱雯,〈日治時期基隆慶安宮的祭典活動──以《臺灣日日新報》為主〉,《民俗曲藝》第 147 期（2005 年 3 月）。

26. 黃美娥,〈臺灣古典文學發展概述 1651～1945〉,《臺北文獻》151 卷（2005 年 3 月）。

27. 黃石輝,〈為何不用自己的文字寫作〉,《伍人報》第 9 號（昭和五年（1930）8 月 16 日）。

28. 葉石濤,〈皇民文學的另類思考〉,民眾日報副刊,1998 年 4 月 15。

29. 葉衽榤,〈基隆《自強報》寶島副刊初探（1946 年）〉,《國際文化研究》第 6 卷第 2 期（2010 年 12 月）。

30. 曹永和,〈臺灣早期歷史研究的回顧與展望〉,《思與言》第 23 卷 1 期（2009 年 5 月）。

31. 張我軍,〈糟糕的臺灣文學界〉,《臺灣民報》第 2 卷 24 號（1924 年 11 月）。

32. 張耀宗,〈晚清時期臺灣「番秀才」形成與功能之研究〉,《高雄師大學報》第 35 期（2013 年 12 月）。

33. 楊雲萍,《臺灣文化》第 1 卷第 2 期（1946 年 3 月）。

34. 鄧郁生,〈試論基隆地區「出米洞」型傳說之歷史記憶〉,《臺灣文學研究叢刊》第 20 期（2017 年 2 月）。

35. 歌雷,〈刊前序語〉,《臺灣新生報‧橋》副刊,1947 年 8 月 1 日。

36. 〈傾聽原聲　原住民文學座談會〉,《文學臺灣》第 4 期（1992 年 9 月）。

37. 漢太郎,〈土人の念歌〉,《臺灣文獻》第 29 卷第 1 期（1978 年 3 月）。

38. 鄭俊彬,〈基隆礦工的生活記實〉,《臺北文獻》直字第 151 期（2005 年 3 月）。

39. 廖漢臣:〈臺灣諺語的形式與內容〉,《臺灣文獻》第 6 卷第 3 期（1955 年 3 月）。

40. 賴子清,〈古今臺灣詩文社（一）〉,《臺灣文獻》第 10 卷第 3 期（1959 年 9 月）。

41. 關傑明,〈中國現代詩的困境〉,《中國時報‧人間副刊》,1972 年 2 月 28 ～29 日。

五、期刊報紙

1. 方光,〈基隆之夜〉,《臺灣新社會》第 1 卷第 3 期卷（1948 年）。

2. 王弘願,〈詩海：基隆〉,《世界佛教居士林林刊》第 15 期（1926 年）。

3. 史丹,〈反貪污新聞詩〉,《自強報》第 59 期（1946 年 10 月 10 日）。

4. 史丹,〈反貪污之歌〉,《自強報》第 65 期（1946 年 10 月 16 日）。

5. 江祖著,〈舟底基隆喜晤張純甫〉,《臺灣詩薈》第 21 期（1925 年）。

6. 林正三,〈殘暑〉,《詩文之友》424 期（1990 年 5 月 1 日）。

7. 林淑平〈基隆港泛月〉,《詩報（臺灣）》第 22 期卷（1931 年）。

8. 林述三、蔡敦輝,〈詩選：登基隆月眉山題靈泉寺〉,《南瀛佛教會會報》第 5 卷第 5 期（1927 年）。

9. 林玠宗〈登基隆月眉山記〉,《南瀛佛教會會報》第 10 卷第 6 期（1932 年）。

10. 周士衡,〈春燈謎——閒雲謎集（一）撰《四書》〉,《詩報》11 號（1931 年 5 月 1 日）。

11. 周士衡,〈春燈謎——閒雲謎集（二）周士衡撰《詩經》〉,《詩報》12 號（1931 年 5 月 15 日）。

12. 周植夫,〈澳底〉,《詩報》298 號（1943 年 6 月）。

13. 英,〈一個公務員的呼聲〉,《自強報》第 84 期（1946 年 11 月 5 日）。

14. 陳阿火,〈基隆八斗子八景八首之六《鱟渚聽濤》〉,《詩報》第 226 號（1940 年 6 月 27 日）。

15. 陳國祥、祝萍,《臺灣報業演進 40 年》（臺北：自立晚報,1987 年）。

16. 清風,〈藕絲裙〉,《詩報》259 號（1941 年 11 月 1 日）。

17. 書田,〈寫基隆港〉,《海事（臺北）》第 29 期卷（1949 年）。

18. 秦嗣人,〈島の唄：基隆散步〉,《戰鬥青年（長沙 1947）》新 3 卷（1948 年）。

19. 簡麗春，〈基隆海洋文學獎散文徵選　張葦菱摘冠〉，《臺灣新生報》，2017年8月29日。

20. 堅白，〈題基隆周君海上樓〉，《路工》第1卷第5期卷（1948年）。

21. 郭保羅，〈雨霖鈴·基隆遣懷〉，《志友》（文藝園地，2015年7月）。

22. 張添進、張廷魁選，〈雞山晚眺〉，《詩報》259號（1941年11月1日）。

23. 張景祁，〈秋霽：基隆秋感〉，《文藝捃華》第1卷第5期（1934年）。

24. 許梓桑，〈繼文德馨賦〉，《挽世金篇》山部第七卷（基隆：正心堂，1900年）。

25. 曹錚，〈上海新聞事業概述（上）（中）（下）〉，《自強報》第4～6期（1946年8月9日～1946年8月11日）。

26. 蔡惠萍，〈林江邁之女原爆人物談228衝突〉，聯合報，2006年3月6日。

27. 劍萍，〈關於「詩」的話〉，《自強報》第104期（1946年11月22）。

28. 樺山資紀，〈親王萬歲〉，《臺灣日日新報》，1901年10月27日。

29. 盧賢秀，〈曾受228影響……走讀葉俊麟、周金波催生基隆名人藝文博物館〉，《自由時報》，2019年4月14日。

六、學位論文

1. 陳藻香，《日本領臺時代的日本人作家：以西川滿為中心》，東吳大學日本文化研究所博士論文，1995年。

2. 張啟豐，《清代臺灣戲曲活動與發展研究》，成功大學中國文學系博士論文，2004年8月。

3. 褚昱志，《國族認同迷失的辯證——臺灣皇民文學本質之探析》，佛光大學文學系博士論文，2017年6月。

4. 蔡惠如，《日治時期臺灣民間文學觀念與工作之研究》，成功大學中國文學系博士論文，2008年7月。

5. 卓佳芬，〈基隆八斗子海洋文化之形塑〉，臺灣師範大學臺灣文化及語言研究所碩士論文，2007年6月。

6. 陳凱雯，《帝國玄關——日治時期基隆的都市化與地方社會》，中央大學歷史研究所碩士論文，2005年7月。

7. 許世旻，〈乍寒還暖：論臺灣八景中的雞籠積雪〉，成功大學歷史學系碩

士論文，2012 年。

七、研討會論文

1. 王幸華，〈臺灣閩南語童謠形式探討〉，主編林松源，《首屆臺灣民間文學學術研討會論文集》，彰化：臺灣省礦溪文化學會，1997 年 6 月。

2. 浦忠成，〈臺灣原住民民間文學發展之探討〉，林松源主編，《首屆臺灣民間文學學術研討會論文集》，彰化：臺灣省礦溪文化學會，1997 年 6 月。

3. 胡萬川主編，《臺灣民間文學學術研討會論文集》，南投：省文化處，1998 年 6 月。

4. 陳室如：〈浪濤與文學的合奏——臺灣現代散文中的海洋書寫〉，2005 年《「海洋文化」學術研討會會議論文》，基隆：海洋大學，2005 年 6 月 10 日。

5. 曾子良，〈基隆地區民間文學初探〉，《臺灣民間文學學術研討會暨說唱傳承表演論文集》，台南：國家臺灣文學館，2004 年 12 月。

6. 曾子良：〈基隆俚諺之蒐集及其內容之探討〉，《2001 年海峽兩岸民間文學學術研討會論文集》，花蓮：國立花蓮師範學院民間文學研究所，2001 年。

八、外國文獻

1. *José Eugenio Borao*（鮑曉鷗）等編，*Spaniards in Taiwan, Vol. 2: 1642～1682.*

2. *Edward W. Soja, Postmodern Geographies: The Reassertion of Space in CriticalSocial Theory*（London: Verso, 1989）79.

3. *Jeff E. Malpas, Place and Experience: A Philosophical Topography*（Cambridge: Cambridge University Press, 1999）175.

4. *J. M. Álvarez, Formosa: Geográfica e Históricamente Conciderada, tomo II,*（Barcelona, 1930）.

5. *China White Paper, August 1949, Vol. 1.*

九、網路資訊

1. http://ndltd.ncl.edu.tw/cgi-bin/gs32/gsweb.cgi/login?o=dwebmge。臺灣博碩士論文之加值系統，取自 2020 年 2 月 26 日。

2. http://twblg.dict.edu.tw/holodict_new/result_detail.jsp。教育部閩南語常用詞辭典,取自 2017 年 1 月 23 日。

3. http://library.taiwanschoolnet.org/cyberfair2005/anlo2/4/5.htm。吟遊尚有人 取自 2019 年 4 月 8 日。

4. https://news.cts.com.tw/cts/life/200403/200403160137142.html。李文耀報導,〈海大首開燈謎課三百人選修〉,2004 年 3 月 16 日。

附錄一　基隆文學作家小傳

作家身分依據《2007 臺灣作家作品目錄》、曾子良，《基隆市文學類資源調查成果報告書》、基隆市文化局列入作家名錄者。

一、作家：顏雲年

本名：顏燦慶

性別：男

籍貫：瑞芳桀魚坑

出生地：基隆瑞芳堡（今新北市瑞芳區）

出生日期：1874 年

辭世時間：1923 年

學經歷：字雲年，以字行，自號吟龍，晚年，又署名「陋園主人」。因經營礦業致富，而成為地方望族。乙未割臺時，臺灣島上四方紛亂，顏雲年糾集群眾，組成地方鄉團，謀求自保。經營礦產事業有成，創立基隆探礦株式會社，成為全臺首富。顏雲年平日喜好吟詠，大正元年基隆「環鏡樓」落成，舉行全臺詩人大會，出版「環鏡樓唱和集」之刊。後來營建陋園，又召開吟會，會後編輯「陋園吟集」，和地方詩人組成小鳴吟社，曾任瀛桃竹聯吟會會長，是日據時期基隆古典詩壇的重要推手。

編　號	篇　名	作　者	出版者	出版日期	作品類別
01	環鏡樓唱和集	顏雲年	自行出版	1920 年 6 月 20 日	詩
02	陋園吟集	顏雲年	自行出版	1924 年 4 月 30 日	詩

二、作家：李建興

性別：男

籍貫：基隆瑞芳堡

出生日期：1891 年

辭世時間：1981 年

學經歷：字紹唐，瑞芳人，經營礦產事業有成，成立瑞三礦業公司。李建興個性謙虛溫和，單純簡樸，能詩文，曾任瀛社副社長、社長，常參加基隆地方詩社活動。李建興雖然受到日本人大力提拔，卻拒改日姓、拒學日語。昭和 5 年（1930），李建興在瑞芳興建「義方居」。昭和 15 年（1940）與兄弟、員工被日軍以「謀通祖國」的罪名拘捕入獄，弟弟冤死在獄中，受牽連而死的員工有七十幾人，父親也因此病死。李建興直到臺灣光復後才被釋放。二二八事變之時，他擔任瑞芳鎮長，出面協調安撫，局勢便逐漸穩定下來。曾任臺灣省政府顧問、臺灣省石炭調整委員會主任委員、中央銀行理事等職位。熱心地方公益，曾捐出陽明山土地，闢建公園，頗受社會推崇。喜好詩文，年輕時當過私塾老師傳授漢學。

文學風格：文風淺白，不喜雕琢，詩歌樸實率真。

文學成就：膺選「世界桂冠詩人」

編　號	篇　名	作　者	出版者	出版日期	作品類別
01	紹唐詩集	李建興	龍文出版社	1961	詩
02	紹唐詩集	李建興	龍文出版社	1983 重印	詩
03	治鑛五十年	李建興	龍文出版社	1993	史

三、作家：陳其寅

性別：男

籍貫：福建惠安

居住地：基隆

出生日期：1902 年

辭世時間：1996 年

學經歷：字曉齋，福建惠安人。於大正元年（1912）冬，肄業於基隆公學校（今日信義國小前身），隨其父回故鄉福建惠安東湖鄉，讀五年的私塾，接受傳統儒家經典教育，奠定國學基礎。大正 7 年（1918），負笈福州，就讀「鶴

齡英華書院」，開始接觸西方文化，直到 20 歲，因父去世而輟學，回臺奔喪。回臺後經商營生，保持志節，不與日本人妥協，頗受地方敬重。在昭和 6 年（1931）與張添進、劉明祿、張鶴年、蔡清揚、王吞雲等人，創辦大同吟社。臺灣光復後，接任社長，繼續主持社務長 51 年，畢生為弘揚傳統文化，保持國粹而努力不懈。

文學風格：作品以詩為主。名詩家王超一賦詩讚譽：「嚅嚅見樸忠，寶島一醇翁，猗頓稱人傑，弦高乃國雄；平生重然諾，處世守謙恭，吟詠為餘事，修齊有古風。」及其 95 歲仙逝時，名書家李超哉有幅輓聯記之：「懋遷立業福壽全歸惟厚道，文獻修編春秋之筆顯基津。」是陳社長一生最佳的寫照，也為世人留下典範。

編號	篇　　名	作　者	出版者	出版日期	作品類別
01	基隆市志·文物篇	陳其寅	基隆市文化局文獻委員會	1956 年 8 月	史
02	基隆市志·人物篇	陳其寅	基隆市文化局	1959 年 2 月	史
03	懷德樓詩草	陳其寅	自行出版	1982 年 12 月	詩
04	懷德樓詩草	陳其寅	龍文	2009 年 3 月	詩
05	琅玕陳氏族譜	陳其寅	財團法人琅玕陳氏宗祠	1983 年 10 月	史
06	基隆簡史	陳其寅	基隆市政府民政局	1984 年 7 月	文史
07	懷德樓文稿	陳其寅	（上下冊）財團法人基隆市文化基金會	1992 年 6 月	詩
08	續修琅玕陳氏族譜	陳其寅	財團法人琅玕陳氏宗祠	1993 年 3 月	史
09	懷德樓詩草續集	陳其寅	基隆市立文化中心	1993 年 6 月	詩

四、作家：雞籠生

本名：陳炳煌

性別：男

籍貫：臺灣基隆

出生日期：1903 年 12 月 20 日

辭世時間：2000 年

學經歷：上海聖約翰大學畢業，美國紐約大學碩士。曾於福建鶴齡英華書院、香港拔萃書院就讀，尚未結業就與其父往東南亞旅遊，後返上海，完

成中學、大學學業。昭和 4 年（1929）赴美留學。曾任《臺灣新民報》的上海支局長。戰後回臺，曾負責籌備臺灣航業公司，曾任《豐年》雜誌編輯、副社長，保齡球館及臺灣旅行社總經理，退休後旅居美國。

　　文學風格：雞籠生創作文類以散文為主。曾於《臺灣新民報》發表多篇遊記、隨筆、雜文，題材多以遊歷海外時的經歷為主軸，專題的方式寫出各地風情。此外，雞籠生為臺灣首位漫畫家，其漫畫生涯始於旅美期間於校刊上發表作品，後於《臺灣新民報》上嶄露頭角。他的漫畫創作形式多變，最突出的是他蒐集世界名人的簽名，再畫一幅肖像漫畫。戰後出版臺灣首部漫畫創作《雞籠生漫畫集》。

編　號	篇　名	作　者	出版者	出版日期	作品類別
01	海外見聞錄	雞籠生	自印	1935 年	散文
02	雞籠生漫畫集第一集	雞籠生	自印	1954 年	漫畫
03	雞籠生漫畫集第二集	雞籠生	自印	1954 年	漫畫
04	百貨店	雞籠生	自印	1954 年	散文
05	傻瓜集	雞籠生	三信出版社	1974 年	散文

五、作家：謝冰瑩

　　本名：謝鳴崗

　　性別：女

　　筆名：南芷、無畏、紫英、芙英

　　籍貫：湖南新化

　　出生日期：1906 年 9 月 5 日

　　來臺時間：1948 年 9 月

　　辭世時間：2000 年 1 月 5 日

　　學經歷：湖南省第一女子師範肄業，北平師範大學畢業，日本法政大學、早稻田大學研究。昭和 6 年（1931）及昭和 10 年（1935）年兩度赴日入東京早稻田大學研究，昭和 12 年（1937）組織湖南婦女戰地服務團，並於抗戰期間擔任《廣西婦女》、《黃河》文藝月刊主編、漢口《和平日報》及《中華日報》副刊主編。1948 年 10 月 26 日帶莉兒乘「中興號」抵達基隆。抗戰勝利後，曾任漢江《和平日報》及《華中日報》副刊主編、北平國立師範大學及華北文化學院教授，新開「新文藝習作」一科，是新文藝在大學開課之始。1945

年於漢口創辦幼稚園，開啟日後創作兒童文學的契機。來臺後，任教於臺灣師範學院，其後曾前往馬來西亞與菲律賓講學。1955 年任臺灣省婦女寫作協會監事，1971 年退休後定居美國。

文學風格：謝冰瑩創作文類以散文及小說為主，兼及論述、報導文學、傳記及兒童文學。16 歲發表第一篇小說〈剎那的印象〉及〈小鴿子之死〉於《大公報》副刊，並學寫古典詩、新詩、劇本，從此踏上寫作之路。謝冰瑩的創作取材廣泛，描述著現實世間的種種風貌，林林總總的世相人生皆納於筆下，站在純粹客觀和真實的角度，是一個「典型的、忠於自己的、而又執著的人」（姜穆），內容不僅反映出時代的生活情狀，充滿民族大愛和泥土的氣息，也道盡中華兒女的痛苦與磨難，使我們看到那一時代的悲壯與吶喊，以及一份固執於生命理想的勇毅，一種不屈服於艱苦生途的樂觀精神。

文學成就：獲中國文藝協會文藝獎章。

編號	篇　名	作　者	出版者	出版日期	作品類別
01	寫給青年作家的信	謝冰瑩	大東書局	1942 年 6 月	論述
02	我怎樣寫作	謝冰瑩	自印	1961 年 11 月	論述
03	文學欣賞	謝冰瑩	三民書局	1963 年 12 月	論述
04	作家與作品	謝冰瑩	三民書局	1991 年 5 月	論述
05	從軍日記	謝冰瑩	春潮書局	1929 年 3 月	散文
06	青年書信	謝冰瑩	光明出版社	1930 年	散文
07	麓山集	謝冰瑩	光明書局	1932 年 10 月	散文
08	我的學生生活	謝冰瑩	光華出版社	1933 年	散文
09	湖南的風	謝冰瑩	北新書局	1936 年 5 月	散文
10	軍中隨筆	謝冰瑩	抗戰出版部	1937 年	散文
11	生日	謝冰瑩	北新書局	1946 年 6 月	散文
12	謝冰瑩佳作選	謝冰瑩	新象書店	1947 年 2 月	散文
13	生與死	謝冰瑩	中華文化	1953 年	散文
14	愛晚亭	謝冰瑩	三民書局	1954 年	散文
15	綠窗寄語	謝冰瑩	三民書局	1955 年	散文
16	冰瑩遊記	謝冰瑩	勝利出版社	1955 年	散文
17	菲島記遊	謝冰瑩	力行書局	1957 年 4 月	散文
18	故鄉	謝冰瑩	力行書局	1958 年 10 月	散文

19	馬來亞遊記	謝冰瑩	海潮音月刊社	1961 年	散文
20	作家印象記	謝冰瑩	三民書局	1967 年 1 月	散文
21	夢裡的微笑	謝冰瑩	光啟出版社	1967 年 7 月	散文
22	海天漫遊	謝冰瑩	三民書局	1968 年	散文
23	生命的光輝	謝冰瑩	三民書局	1971 年 12 月	散文
24	舊金山的霧	謝冰瑩	三民書局	1974 年 4 月	散文
25	冰瑩書柬	謝冰瑩	力行書局	1975 年 9 月	散文
26	謝冰瑩選集	謝冰瑩	香港文學研究社	1978 年 4 月	散文
27	給青年朋友的信	謝冰瑩	東大圖書	1981 年 12 月	散文
28	謝冰瑩散文集	謝冰瑩	金文圖書	1982 年 7 月	散文
29	觀音蓮	謝冰瑩	大乘精舍印經會	1985 年	散文
30	異國秋思	謝冰瑩	將門文物出版社	1987 年	散文
31	冰瑩憶往	謝冰瑩	三民書局	1991 年 5 月	散文
32	冰瑩懷舊	謝冰瑩	三民書局	1991 年 5 月	散文
33	謝冰瑩散文選集	謝冰瑩	百花文藝出版社	1992 年 1 月	散文
34	謝冰瑩散文	謝冰瑩	中國廣播電視出版社	1993 年 9 月	散文
35	謝冰瑩集	謝冰瑩	知識出版社	1997 年 4 月	散文
36	解除婚約	謝冰瑩	北京燕山出版社	1998 年 2 月	散文
37	謝冰瑩代表作	謝冰瑩	華夏出版社	1999 年 1 月	散文
38	冰瑩女士小說集	謝冰瑩	郁文書局	1929 年 7 月	小說
39	中學生小說	謝冰瑩	中學生書局	1932 年 4 月	小說
40	前路	謝冰瑩	光明出版社	1932 年 9 月	小說
41	青年王國材	謝冰瑩	開華書店	1933 年 2 月	小說
42	血流	謝冰瑩	光華出版社	1933 年	小說
43	偉大的女性	謝冰瑩	光華出版社	1933 年	小說
44	梅子姑娘	謝冰瑩	新中國文化	1941 年 6 月	小說
45	姊姊	謝冰瑩	建國出版社	1941 年 12 月	小說
46	冰瑩近作自選集	謝冰瑩	藍田書報合作社	1943 年 6 月	小說
47	女叛徒	謝冰瑩	求知圖書社	1945 年	小說
48	離婚	謝冰瑩	光明書局	1946 年	小說
49	謝冰瑩佳作選	謝冰瑩	新象書店	1947 年	小說

50	聖潔的靈魂	謝冰瑩	亞洲出版社	1954 年	小說
51	紅豆	謝冰瑩	眾文出版社	1954 年	小說
52	霧	謝冰瑩	大方出版社	1955 年	小說
53	碧瑤之戀	謝冰瑩	力行書局	1957 年 2 月	小說
54	空谷幽蘭	謝冰瑩	廣文書局	1963 年 9 月	小說
55	在烽火中	謝冰瑩	世界文物出版社	1968 年 7 月	小說
56	謝冰瑩自選集	謝冰瑩	黎明文化	1980 年 5 月	小說
57	第五戰區巡禮	謝冰瑩	生路書店	1937 年 9 月	報導文學
58	在火線上	謝冰瑩	民族解放社	1937 年 11 月	報導文學
59	新從軍日記	謝冰瑩	天馬書店	1938 年 7 月	報導文學
60	戰士的手	謝冰瑩	獨立出版社	1939 年 4 月	報導文學
61	重上征途	謝冰瑩	中社出版社	1941 年	報導文學
62	在日本獄中	謝冰瑩	華北新聞社出版部	1943 年 1 月	報導文學
63	我在日本	謝冰瑩	東大圖書	1984 年 9 月	報導文學
64	一個女兵的自傳	謝冰瑩	良友圖書	1936 年 7 月	傳記
65	關於趙老太太	謝冰瑩	東北救亡總會宣傳部	1938 年 12 月	傳記
66	一個女性的奮鬥	謝冰瑩	世界文化	1941 年	傳記
67	女兵十年	謝冰瑩	紅藍出版社	1946 年 4 月	傳記
68	我的少年時代	謝冰瑩	正中書局	1955 年 11 月	傳記
69	我的回憶	謝冰瑩	三民書局	1967 年 9 月	傳記
70	抗戰日記	謝冰瑩	東大圖書	1981 年 6 月	傳記
71	抗戰女兵手記	謝冰瑩	明明書局		傳記
72	冰瑩書信	謝冰瑩	三民書局	1991 年 5 月	散文
73	永恆的友誼——謝冰瑩……	謝冰瑩	中國三峽出版社	2000 年 12 月	散文
74	動物的故事	謝冰瑩	正中書局	1955 年	兒童文學
75	太子歷險記	謝冰瑩	正中書局	1955 年	兒童文學
76	愛的故事	謝冰瑩	正中書局	1961 年	兒童文學
77	給小讀者	謝冰瑩	廣文書局	1963 年	兒童文學
78	南京與北平	謝冰瑩	華國出版社	1964 年 1 月	兒童文學
79	仁慈的鹿王	謝冰瑩	慈明月刊社	1965 年 1 月	兒童文學

80	小冬流浪記	謝冰瑩	國語日報社	1962 年 11 月	兒童文學
81	林琳	謝冰瑩	臺灣省教育廳	1966 年	兒童文學
82	善光公主	謝冰瑩	慈航雜誌社	1968 年	兒童文學
83	舊金山的四寶	謝冰瑩	國語日報社	1981 年	兒童文學
84	小讀者與我	謝冰瑩	文化互助社	1984 年	兒童文學
85	謝冰瑩創作選	謝冰瑩	仿古書店	1936 年 9 月	合集
86	冰瑩抗戰文選集	謝冰瑩	建國出版社	1941 年 8 月	合集
87	新生集	謝冰瑩	北投普濟寺	1983 年	合集
88	謝冰瑩作品選	謝冰瑩	湖南人民出版社	1985 年 9 月	合集
89	謝冰瑩文集	謝冰瑩	華夏出版社	2000 年	合集
90	謝冰瑩文集 1	謝冰瑩	安徽文藝出版社	1999 年 8 月	全集
91	謝冰瑩文集 2	謝冰瑩	安徽文藝出版社	1999 年 8 月	全集
92	謝冰瑩文集 3	謝冰瑩	安徽文藝出版社	1999 年 8 月	全集

六、作家：周孫園

筆名：周植夫

性別：男

出生地：臺灣基隆

出生日期：1918

辭世時間：1995 年

學經歷：本名孫園，字植夫。祖籍福建同安，大正 6 年（1917）生於基隆暖暖，曾任職於基隆船塢。光復後，從事承包工作，後來前往臺北謀生，忙於工作與自己的事業，但從商之餘仍未偏廢讀書與拉絃。曾任職「中華藝苑」編輯。先後加入大同吟社、瀛社、庸社等社團。主要的交社活動皆以詩社為主，與前大同吟社社長陳其寅摯交 51 載交誼匪淺，亦師亦友，也是靈義郡之創辦人，是基隆第一位北管權威。曾任「中華學術院詩學研究所」委員，「基隆市詩學研究會」成立後，又返鄉教學，來往於臺北、基隆之間，傳遞漢學文化。名詩人羅尚認為周植夫先生可以與花蓮駱香林、臺北吳夢周，並稱為近代臺灣詩壇三賢。門下學生收集生前詩作六百餘首，編為《竹潭詩稿》。榮膺中華藝術學院詩學研究所研究委員，曾任臺灣大學詩詞研習班教授，是最佳的自學典範。

文學風格：周植夫創作文類以詩為主，對音樂長期投注心血研究，尤擅北管樂是提絃名手，時人稱為「顧曲周郎」，並長期擔任靈義郡藝宣大隊長，在中原音韻學的成就，讓他的詩作聞名全臺。詩宗漁洋神韻之說，壇坫風騷，得者以為榮焉。

編　號	篇　名	作　者	出版者	出版日期	作品類別
01	竹潭詩稿	周植夫	基隆市文化局	1997 年 4 月	詩

七、作家：周金波

性別：男

出生地：臺灣基隆

出生日期：1920 年 1 月 22 日

辭世時間：1996 年 7 月 29 日

學經歷：桃園公學校、基隆第一學校，日本大學附屬三中，日本大學牙科專科部畢業。曾參加澤田美喜子主辦的「七曜會」同人，進入劇團文學座研究所。昭和 16 年（1941）自日本回臺，與李寶玉結婚，並開始活躍於《文藝臺灣》。昭和 18 年（1943）代表臺灣出席「第二回大東亞文學者大會」。1945 年參加三民主義青年團，並擔任該團的基隆分會文化部長。1946 年國民政府遷臺，周金波被視為紀念五四運動抗議隊伍的首謀而被捕，被登記為「無業流氓」。釋放之後隱姓埋名，改用楊姓。1947 年二二八事件，周金波三次被捕入獄，其弟亦在此事件中遇難。1953 年創立「青天臺語話劇社」。

文學風格：周金波創作文類以小說為主，其作品多刊載於報刊雜誌上。在臺灣文學研究的早期，周金波被認為是「皇民文學」的臺人代表作家之一，誠如葉石濤在《臺灣文學史綱》中，即認為周金波是「理念上認同殖民地政府的政策，走向親日路線」的作家。然而在 1994 年清華大學主辦的日治時期臺灣文學研討會中，周金波則以坦然的心境，誠實面對自己文化抉擇的態度，促使與會學者有了新的思考，對他展開新一波的研究與評價。

文學成就：獲第一屆日本文藝臺灣獎。

編　號	篇　名	作　者	出版者	出版日期	作品類別
01	周金波日本語作品集	周金波	綠蔭書房	1998 年 3 月	全集
02	周金波集	周金波	前衛出版社	2002 年 10 月	全集

八、作家：洪連成

性別：男

出生地：臺灣基隆

出生日期：1921 年

辭世時間：2003 年

學經歷：世居基隆，曾任臺灣新聞社記者，主跑日治時期總督府的財經新聞，奠定日後纂修志書文獻史料之基礎；又曾任職安樂區、仁愛區公所，至 1987 年屆齡退休，長達四十年公務生涯，盡心盡力為地方服務，贏得市民的讚譽與敬仰，其一生著作頗豐，多次參與基隆市志文獻編纂，基隆之豐富文史資料之完備，其人厥功甚偉。

文學風格：善修地方文史，對基隆貢獻良多。

編　號	篇　　名	作　者	出版者	出版日期	作品類別
01	基隆市志・風俗篇	洪連成	基隆市文化局	1979 年	史
02	基隆市志・行政篇	洪連成	基隆市文化局	1985 年	史
03	基隆市志・自治篇	洪連成	基隆市文化局	1985 年	史
04	滄海桑田話基隆	洪連成	基隆市文化局	1993 年	文史
05	基隆市機關志	洪連成	基隆市文化局	1994 年	史
06	找尋老雞籠舊地名探源	洪連成	基隆市文化局	1995 年	史
07	基隆寺廟巡禮	洪連成	基隆市文化局	2001 年	史
08	重修基隆市志・禮俗篇	洪連成	基隆市文化局	2001 年	史
9	重修基隆市志・民族篇	洪連成	基隆市文化局	2001 年	史
10	重修基隆市志・宗教篇	洪連成	基隆市文化局	2001 年	史
11	重修基隆市志・卷尾	洪連成	基隆市文化局	2003 年	史
12	重修基隆市志・卷首	洪連成	基隆市文化局	2003 年	史

九、作家：黃稱奇

性別：男

籍貫：臺灣彰化

出生日期：1925 年 9 月

學經歷：臺灣大學醫學院畢業。曾任臺大醫院內科醫師、臺灣省礦工醫院內科主任，後於基隆開業，現已退休。

文學風格：黃稱奇創作文類以小說為主。內容自昭和 18 年（1943）日治末期至韓戰為止，以細密寫實的筆調，紀錄這段期間之內的求學經歷及回憶，包括醫學院學生的教育養成、戰爭時的庶民生活、國府接收、四六事件、二二八事件等等，所有事件歷歷在目，這是十分可靠珍貴的歷史研究素材，對於臺灣的交替變動有十分具體的描寫。

編　號	篇　名	作　者	出版者	出版日期	作品類別
01	撐旗的時代	黃稱奇	悅聖出版社	2001 年	小說

十、作家：陶一經

性別：男

籍貫：臺灣彰化

出生日期：1926 年

辭世時間：2004 年

學經歷：字晴峰，又號小樓，別署未雨廬主人，畢業於上海商學院，上海美專研究。為詩人畫家陶芸樓長子，家學淵源，父子兄弟齊名，有「三陶」美稱。生於浙江紹興，擅長書畫、篆刻，詩作頗有傳統文人風味，清新高雅。

文學風格：詩書畫印皆擅，新舊文學兼容，對基隆的美育及藝文環境推動不遺餘力。

編　號	篇　名	作　者	出版者	出版日期	作品類別
01	一經作品集	陶一經	基市文化	1996 年 6 月	詩畫
02	味雨集	陶一經	基市文化	2002 年 11 月	詩
03	基隆市志・藝文篇	陶一經	基隆市政府	2003 年 4 月	史

十一、作家：張星寰

性別：男

筆名：高潔、琅環、高佳之

居住地：基隆

出生日期：1926

學經歷：河北人，曾任中小學主任、《基隆青年》主編，雙春吟社社員。

編　號	篇　　名	作　者	出版者	出版日期	作品類別
01	幹鼓手的日子	張星寰	基隆市文化局	1993 年	小說
02	瑯環劄記	張星寰	自印	2006 年	文學評論集

十二、作家：陳其茂

性別：男

出生地：福建永春

出生日期：1926 年 3 月 9 日

辭世時間：2005 年 6 月 25 日

學經歷：廈門美專畢業。曾任報社編輯、《文藝列車》主編、省立花蓮師範專科學校教師、基隆女中教師、東海大學美術系副教授。

文學風格：陳其茂創作文類包括詩、散文、小說與報導文學。早期致力木刻藝術的創作及介紹，1957 年開始，以版畫的質樸為特色，在臺中創辦的「光啟出版社」為作家們設計封面，創造了「光啟出版社」五〇至七〇年代的文學盛況。陳其茂也常應邀赴世界各國舉行畫展，遊覽名勝，並將所見所聞形諸文字，文筆平實，趙雅博說其遊記：「最巧於從小事著手，從瑣事說起，……筆觸所及，文中有畫。」

文學成就：獲自由中國美展版畫金牌獎、中國文藝協會文藝獎章、中國版畫學會金璽獎、雕塑銀環獎、哥斯大黎加國家美術館傑出藝術家獎。

編　號	篇　　名	作　者	出版者	出版日期	作品類別
01	青春之歌	陳其茂	虹橋出版社	1953 年 10 月	詩
02	卡卜里島的太陽	陳其茂	學人文化	1980 年	報導文學
03	失去的畫眉	陳其茂	時報文化	1983 年 3 月	散文
04	雨中行	陳其茂	黎明文化	1985 年 5 月	散文
05	波瓦地葉過客	陳其茂	皇冠文化	1986 年 7 月	報導文學
06	玩具狗	陳其茂	臺中市立文化中心	1991 年 7 月	小說
07	尋覓畫家步履	陳其茂	三民書局	1996 年 2 月	散文
08	留著記憶・留著光	陳其茂	三民書局	1996 年 11 月	散文
09	惦念一剎那	陳其茂	臺中市立文化中心	1999 年 6 月	散文
10	冰河詩抄	陳其茂	也必得利	2001 年 6 月	詩

十三、作家：陳德潛

　　性別：男

　　筆名：仲涵、學淵

　　居住地：基隆

　　出生日期：1928 年

　　學經歷：字仲涵，基隆人，臺大經濟系畢業、高考及格，曾任審計部簡任稽察長、大同吟社第三任社長，為基隆詩家陳其寅之子，愛國觀念強，國學造詣深。

　　文學成就：獲 2009 年國史館臺灣文獻館的「出版文獻獎」。

編　號	篇　名	作　者	出版者	出版日期	作品類別
01	基隆瑣憶	陳德潛	自印	2008 年	文史報導
02	惜福與感恩	陳德潛	自印	2008 年	回憶錄

十四、作家：鄭愁予

　　本名：鄭文韜

　　性別：男

　　籍貫：河北寧河

　　出生地：山東濟南

　　出生日期：1933 年

　　來臺時間：1949 年

　　學經歷：中興大學統計學系畢業，後於基隆海關工作約十年，於 1968 年赴美攻讀美國愛荷華大學藝術碩士。曾任美國愛荷華大學東方語文系講師、耶魯大學東亞語文學系教授、《聯合文學》月刊社社長、美國耶魯大學終身駐校詩人及榮休教授、中國青年寫作協會總幹事。2005 年 6 月 24 日落籍金門，曾任金門技術學院閩南文化研究所兼任教授及香港大學文學院名譽教授。

　　文學風格：鄭愁予創作文類以詩為主。詩作保留對家國之情的留戀，充滿異地浪子的心聲，以細緻的詩風綻放豐滿的情感，精確使用散文、口語的語言技巧。楊牧評：「以清楚的白話……為我們傳達了一種時間的空間的悲劇情調」；瘂弦也評：「鄭愁予的名字是寫在雲上，他那飄逸而又矜持的韻緻，夢幻而又明麗的詩想，溫柔的旋律，纏綿的節奏，與貴族的、東方的、淡淡的哀愁的調子，這一切造成一種魅力，一種雲一般的魅力」。

文學成就：獲時報文學獎、國家文藝獎、中國文藝協會文藝獎章、救國團青年文藝獎。

編　號	篇　名	作　者	出版者	出版日期	作品類別
01	草鞋與筏子	鄭愁予	燕子社	1949 年 5 月	詩
02	夢土上	鄭愁予	現代詩社	1955 年 4 月	詩
03	衣缽	鄭愁予	臺灣商務印書館	1966 年 10 月	詩
04	窗外的女奴	鄭愁予	十月出版社	1967 年 10 月	詩
05	長歌	鄭愁予	自印	1968 年 6 月	詩
06	鄭愁予詩選集	鄭愁予	志文出版社	1974 年 3 月	詩
07	燕人行	鄭愁予	洪範書店	1980 年 10 月	詩
08	鄭愁予詩選	鄭愁予	友誼出版社	1984 年	詩
09	雪的可能	鄭愁予	洪範書店	1985 年 5 月	詩
10	蒔花剎那	鄭愁予	三聯書店	1985 年 10 月	詩
11	鄭愁予詩集（1951）	鄭愁予	洪範書店	1986 年 3 月	詩
12	刺繡的歌謠	鄭愁予	聯合文學	1987 年 7 月	詩
13	寂寞的人坐著看花	鄭愁予	洪範書店	1993 年 2 月	詩
14	鄭愁予詩的自選	鄭愁予	三聯書店	2000 年	詩
15	鄭愁予詩集 2	鄭愁予	洪範書店	2004 年 1 月	詩
16	シリーズ臺灣現代詩 3	鄭愁予	國書刊行會	2004 年 12 月	詩
17	和平的衣缽：百年詩歌萬載承平	鄭愁予	周大觀基金會	2011 年	詩

十五、作家：子詩

本名：魏美惠

性別：女

籍貫：臺灣基隆

出生日期：1943 年 6 月 26 日

學經歷：成功大學工商管理系碩士，美國西維大工業工程系碩士。曾任大陽製藥公司廣告部主任，基隆中學教師。

文學風格：子詩創作文類以小說為主。以敏銳的筆風，刻畫海外華人的掙扎、徬徨及生活上的無奈。

編　號	篇　名	作　者	出版者	出版日期	作品類別
01	情絮	子詩	大地出版社	1990 年 10 月	小說
02	神秘的女人	子詩	大地出版社	1993 年 2 月	小說

十六、作家：喬林

本名：周瑞麟

性別：男

籍貫：臺灣臺北

出生日期：1943 年 3 月 11 日

學經歷：中國市政專科學校土木科畢業。1971 年與詩友組「龍族」詩社，加入「笠詩社」，曾任《青年雜誌》學生版主編、榮民工程公司工程管理組組長、業務處副處長。現已退休，曾為中華民國新詩學會理事。

文學風格：喬林創作文類以詩為主。早期寫作主題以揭露現代人形而上的焦慮為基調，轉而對人存在的本質發出抵抗的聲音。喬林的文字平易淺近，重視詩作整體的意象，強調一定要能表現生活的感受。

文學成就：獲首屆全國優秀青年詩人獎。

編　號	篇　名	作　者	出版者	出版日期	作品類別
01	基督的臉	喬林	林白出版社	1972 年 4 月	詩
02	狩獵	喬林	基隆市立文化中心	1993 年 6 月	詩
03	布農族詩集	喬林	基隆市立文化中心	2000 年 7 月	詩
04	喬林短詩選	喬林	銀河出版社	2002 年 6 月	詩
05	文具群及其他	喬林	文史哲出版社	2006 年 4 月	詩

十七、作家：俞金鳳

筆名：梵竹、微露

性別：女

籍貫：浙江奉化

出生地：四川成都

出生日期：1943 年 7 月 12 日

來臺時間：1949 年

學經歷：省立基隆女中、空中大學國文系畢業。曾任中華民國醫療諮詢

會義工及會刊主編、臺北少年輔導組輔導員、《國語日報》專欄「少年保健」特約採訪。現專事寫作。

文學風格：俞金鳳創作文類有散文、小說和兒童文學。主題在表現世間真愛、探討問題青少年的家庭背景，提供另一個關懷的文學面相。寫作風格清新，樸實中不失優美。擅長取材自日常生活中的微小事物，對於情境、心理的描寫有深入的掌握。

文學成就：獲國軍新文藝獎、中央日報文學獎、臺灣省新聞處小說佳作獎、文藝月刊小說獎。

編　號	篇　名	作　者	出版者	出版日期	作品類別
01	怎樣使孩子更健康	俞金鳳	健行文化	1995 年 10 月	散文
02	漁孃淚	俞金鳳	黎明文化	1982 年	小說
03	花格子裙	俞金鳳	道聲出版社	1987 年 6 月	小說
04	訪名醫談疾病	俞金鳳	道聲出版社	1988 年 8 月	報導文學
05	變	俞金鳳	道聲出版社	1989 年 4 月	小說
06	我是一隻博美狗	俞金鳳	九歌出版社	1994 年 2 月	兒童文學
07	阿雄與小敏	俞金鳳	九歌出版社	1996 年 2 月	兒童文學
08	九色鹿	俞金鳳	富春出版社	2000 年 11 月	兒童文學
09	少年阿薩	俞金鳳	國語日報社	2002 年 7 月	兒童文學

十八、作家：王拓

本名：王紘久

性別：男

籍貫：臺灣基隆

出生日期：1944 年 1 月 9 日

辭世時間：2016 年 8 月 9 日

學經歷：出生於臺灣基隆市郊的小漁村，省立基隆中學、臺灣師範大學國文系畢業，政治大學中文系碩士。曾任政治大學、光武工專講師，1980 年因美麗島事件被捕入獄，出獄後任《文季》雜誌總編輯、《人間》雜誌社社長、國民大會代表、主席團主席、民主進步黨中央黨部組織部主任、立法委員、行政院文建會主任委員、民主進步黨祕書長。擔任民意代表後，積極參與文化公共事務。

　　王拓青年時期的小說多注意封建婚姻制度、教育界的腐敗，以及反映在外資入侵下臺灣農村的困苦情境；後期逐步擴展創作視野，開始描寫城市工人和資產階級的生活。葉石濤曾就其小說評論：「強烈指出臺灣社會充滿著異常的拜金思想、物質至上主義，而在反面深刻地同情在窮苦生活中呻吟的小人物，憤怒地指控毒化這些底層小人物的愚昧、迷信、賭博、疾病及絕望。」因此蔣勳曾譽其為「臺灣寫實文學中新起的道德力量」。在 1970 年代，他和黃春明等皆以臺灣現狀為文學土壤的作家，被當時中央日報總主筆彭歌在《聯合報》上點名批判，掀起「鄉土文學論戰」。

　　文學風格：其作品是走鄉土文學與寫實主義路線，王拓作品描寫臺灣漁村現況，隱含批判意味。王拓的主要作品，有小說、文學評論及政治評論、政治報導。

編　號	篇　　名	作　者	出版者	出版日期	作品類別
01	張愛玲與宋江	王拓	藍燈文化	1975 年 6 月	論述
02	金水嬸	王拓	香草山出版	1976 年 9 月	小說
03	街巷鼓聲	王拓	遠行出版社	1977 年 9 月	論述
04	望君早歸	王拓	遠景出版	1977 年 9 月	小說
05	民眾的眼睛	王拓	自印	1978 年 8 月	論述
06	黨外的聲音	王拓	自印	1978 年 9 月	論述
07	臺北・臺北	王拓	自印	1985 年 6 月	小說
08	牛肚港的故事	王拓	自印	1985 年 11 月	小說
09	咕咕精與小老頭	王拓	野馬出版社	1986 年	兒童文學
10	小豆子歷險記	王拓	野馬出版社	1986 年	兒童文學
11	王拓集	王拓	前衛出版社	1992 年 4 月	小說
12	鹿港からきた男	王拓	國書刊行會	2001 年 6 月	小說

十九、作家：王一中

　　性別：男

　　居住地：基隆

　　出生日期：1944 年

　　學經歷：政大新聞系畢業，曾任中央日報記者採訪國會及市新聞等，後轉作私立徐匯中學任教國文科目，1973 年擔任海洋學院訓導工作，課餘擔任

學生社團「海院青年」及「寫作協會」指導老師。著有《美的詩畫》（1971 年）、
《獻給母親的愛》（世界文物藝術出版，1972 年）、《臨濤文集》（1985 年）。

二十、作家：王清春

性別：男

籍貫：臺灣彰化

出生日期：1946 年

學經歷：中國文化大學戲劇系畢業。曾任基隆中山國小教師、臺灣省文
藝作家協會基隆分會理事長、中華民國青溪學會基隆市分會理事。

文學風格：王清春創作文類以劇本為主。筆下素材古今皆具，或取古代
將相為主角，以現代手法鋪陳展演，重新詮釋，或採當代社會現象入於劇中，
演繹家庭倫理，寓人情世故於其中，希冀能以戲劇達到勸化人心，改善社會
風氣之效。

文學成就：獲教育部文藝創作獎、教育部電視劇本創作獎、中國語文獎
章、全省特殊優良教師與全國優秀青年代表。

編　號	篇　名	作　者	出版者	出版日期	作品類別
01	樹	王清春	教育部	1984 年	劇本
02	飛躍的年代	王清春	基隆市立文化中心	1993 年 6 月	劇本

二十一、作家：鄭淑敏

性別：女

籍貫：臺灣臺北

出生日期：1946 年 4 月 7 日

學經歷：成功大學外文系畢業，比利時魯汶大學社會傳播系碩士。曾任
《時報雜誌》發行人兼總編輯，新聞局資料編譯處副處長，曾先後任中華電
視公司編審、節目部及新聞部副理、企畫室經理、執行副總經理、行政院文
化建設委員會主任委員、中國電視公司董事長，現專事寫作。

文學風格：鄭淑敏創作文類以散文為主。書寫自在自得的情懷，又有自
娛自謙之心情。作者以誠懇的筆觸，關注的態度，表達對社會現況、人生旅
途、新聞報導的看法。

文學成就：獲文復會金筆獎。

編　號	篇　名	作　者	出版者	出版日期	作品類別
01	自在集	鄭淑敏	書評書目雜誌社	1978 年 5 月	散文
02	菊花插滿頭	鄭淑敏	黎明文化	1989 年 3 月	散文

二十二、作家：小魚

本名：陳正隆

性別：男

籍貫：臺灣基隆

出生日期：1947 年

學經歷：本名陳正隆，又號泥中龜、菜鳥、井蛙、飯袋子。中國文化大學美術系畢業。曾任基隆暖暖國中美術教師兼訓育組長共九年，為《聯合文學》、《講義堂》專欄作家，現為專職畫家、作家和篆刻家。

文學風格：小魚創作文類以散文為主。從事篆刻、繪畫之餘，也寫隨筆式散文。小魚的文字和繪畫表現出一種閒情逸致和生機，作品題材無一不是生活中平淡的事物，文筆簡潔質樸，情感豐沛，有對人生之美的無窮探索，繪畫方面則呈現自然人文派風格。小魚本對文學有興趣，但卻就讀文化美術系，小魚的書畫印充滿憨拙的情趣，偶寫短文，亦是天真浪漫，意到即止。中年入「現代禪」門，從此更展開生命大美的探索。

編　號	篇　名	作　者	出版者	出版日期	作品類別
01	二事如意	小魚	圓神出版社	2004 年 8 月	散文
02	人海茫茫相愛一場	小魚	圓神出版社	2004 年 5 月	散文
03	出去吃麵	小魚	漢藝色研文化	1987 年 5 月	散文
04	原稿紙	小魚	聯合文學	1993 年 7 月	散文
05	懷念	小魚	立志出版社	1970 年 4 月	小說
06	有毛病	小魚	漢藝色研文化	1988 年 8 月	散文
07	雖然・但是	小魚	皇冠文化	1991 年 11 月	散文
08	魚戲人間	小魚	天下遠見	2001 年 5 月	散文

二十三、作家：蔣勳

性別：男

出生：1947 年

籍貫：陝西省西安

學經歷：中國文化大學歷史學系和藝術研究所畢業，曾任耕莘青年寫作會講師、《雄獅》主編輯、廣播《文化廣場》主持人、聯合文學社社長、廣播《美的沈思》主持人。蔣勳的生平祖籍福建長樂縣人，民國 36 年生於西安，三歲時因戰亂而跟著母親及兄姐五人到基隆，父親任軍職，隨後才撤退到臺灣。父親來臺後轉任公職，分配到臺北。以花卉、水景繪畫受臺灣人歡迎、以美感的教學和省思受到學子喜愛。於 1972 年到法國留學，1976 年返臺。在繪畫創作之餘，蔣勳也在文學界勤勞耕耘，他出版過多本詩集。他曾經做過廣播節目《文化廣場》，此節目由臺灣警察廣播電臺播出，相當受到好評，獲得 1988 年的金鐘獎。自 2004 年起，於 IC 之音・FM 97.5（竹科廣播股份有限公司）主持每週五晚間八點「美的沈思」節目，並以此節目再度獲得 2005 年廣播金鐘獎最佳藝術文化主持人獎。

文學風格：以獨到眼光與細膩方式解說藝術，以淺顯易懂方式致力藝術推廣。

文學成就：獲臺灣小說比賽第一名、中國時報新詩推薦獎、吳魯芹文學獎、1988 年金鐘獎、2005 年金鐘獎。

編號	篇　　名	作者	出版者	出版日期	作品類別
01	齊白石研究——中國文人畫最後的奇葩	蔣勳	雄獅美術	1978 年 8 月	論述
02	藝術手記	蔣勳	雄獅美術	1979 年 7 月	論述
03	美的沈思——中國藝術思想芻論	蔣勳	雄獅美術	1986 年 2 月	論述
04	給少年的中國美術史	蔣勳	臺灣東華書局	1990 年 7 月	論述
05	寫給大家的中國美術史	蔣勳	臺灣東華書局	1990 年 8 月	論述
06	藝術概論	蔣勳	臺灣東華書局	1995 年 8 月	論述
07	蔣勳藝術筆記	蔣勳	敦煌藝術中心	1998 年 11 月	論述
08	閱讀畢卡索——畢卡索 1881～1973	蔣勳	中華民國帝門藝術教育基金會	1998 年	論述
09	寫給大家的西洋美術史	蔣勳	臺灣東華書局	2003 年 1 月	論述
10	孤獨六講	蔣勳	聯合文學	2007 年 8 月	論述

11	少年中國	蔣勳	遠景出版社	1980 年 7 月	詩
12	母親	蔣勳	遠景出版社	1982 年 5 月	詩
13	多情應笑我	蔣勳	爾雅出版社	1989 年 1 月	詩
14	祝福	蔣勳	東潤出版社	1992 年 1 月	詩
15	眼前即是如畫的江山	蔣勳	東潤出版社	1992 年 1 月	詩
16	來日方長	蔣勳	臺灣東華書局	1992 年 5 月	詩
17	萍水相逢	蔣勳	爾雅出版社	1985 年 1 月	散文
18	歡喜讚歎	蔣勳	林白出版社	1987 年 1 月	散文
19	大度・山	蔣勳	爾雅出版社	1987 年 1 月	散文
20	今宵酒醒何處	蔣勳	爾雅出版社	1990 年 7 月	散文
21	水與石的對話	蔣勳	太魯閣國家公園管理處	1990 年 2 月	散文
22	到綠光咖啡屋，聽巴哈，讀余秋雨	蔣勳	爾雅出版社	1990 年 7 月	散文
23	人與地	蔣勳	東潤出版社	1995 年 10 月	散文
24	島嶼獨白	蔣勳	聯合文學	1997 年 1 月	散文
25	心靈河流	蔣勳	經濟部水資源局	1999 年 5 月	散文
26	婆娑之洋・美麗之島	蔣勳	經濟部水資源局	2000 年 12 月	散文
27	蔣勳精選集	蔣勳	九歌出版社	2002 年 7 月	散文
28	給青年藝術家的信	蔣勳	聯經出版社	2004 年 9 月	散文
29	舞動白蛇傳	蔣勳	遠流出版社	2004 年 10 月	散文
30	吳哥之美	蔣勳	藝術家出版社	2004 年 11 月	散文
31	舞動紅樓夢	蔣勳	遠流出版社	2005 年 3 月	散文
32	只為一次無憾的春天	蔣勳	圓神出版社	2005 年 7 月	散文
33	天地有大美——蔣勳和你談生活美學	蔣勳	遠流出版社	2005 年 12 月	散文
34	美的覺醒——蔣勳和你談眼、耳、鼻、舌、身	蔣勳	遠流出版社	2006 年 12 月	散文
35	傳說	蔣勳	皇冠雜誌社	1988 年 3 月	小說
36	因為孤獨的緣故	蔣勳	時報文化	1993 年 4 月	小說
37	情不自禁	蔣勳	聯合文學	2000 年 2 月	小說
38	寫給 Ly's M——1999	蔣勳	聯合文學	2000 年 2 月	小說
39	魔幻・達利	蔣勳	圓神出版社	2006 年 8 月	小說

40	徐悲鴻——中國近代寫實繪畫的奠基者	蔣勳	雄獅美術	1977 年 7 月	傳記
41	臺灣美術全集——洪瑞麟	蔣勳	藝術家出版社	1993 年 1 月	傳記
42	魔幻‧達利	蔣勳	時週多媒體傳播	2001 年 1 月	傳記
43	破解米開朗基羅	蔣勳	天下遠見	2006 年 10 月	傳記
44	感覺十書：蔣勳談美	蔣勳	聯經出版社	2009 年	小說
45	生活十講	蔣勳	聯合文學	2009 年	散文
46	少年臺灣	蔣勳	聯合文學	2009 年	散文
47	孤獨六講有聲書	蔣勳	有鹿文化	2009 年	散文
48	手帖：南朝歲月	蔣勳	印刻出版社	2010 年	小說
49	此生：肉身覺醒	蔣勳	有鹿文化	2011 年	散文
50	蔣勳紅樓夢青年版	蔣勳	財團法人趨勢教育基金會	2012 年	小說
51	新編美的曙光	蔣勳	有鹿文化	2012 年	散文
52	此時眾生	蔣勳	有鹿文化	2012 年	散文
53	萍水相逢：蔣勳的第一本散文集	蔣勳	爾雅出版社	2012 年	散文
54	多情應笑我：蔣勳朗讀東坡	蔣勳	財團法人趨勢教育基金會	2012 年	文學小說
55	夢紅樓	蔣勳	遠流出版社	2013 年	文學小說
56	微塵眾：紅樓夢小人物 1	蔣勳	遠流出版社	2014 年	傳記
57	微塵眾：紅樓夢小人物 2	蔣勳	遠流出版社	2014 年	傳記
58	微塵眾：紅樓夢小人物 3	蔣勳	遠流出版社	2014 年	傳記
59	微塵眾：紅樓夢小人物 4	蔣勳	遠流出版社	2015 年	傳記
60	微塵眾：紅樓夢小人物 5	蔣勳	遠流出版社	2015 年	傳記
61	肉身供養	蔣勳	有鹿文化	2013 年	藝術設計
62	捨得，捨不得：帶著金剛經旅行	蔣勳	有鹿文化	2014 年	宗教命理
63	金剛般若波羅蜜經：蔣勳手抄	蔣勳	有鹿文化	2014 年	宗教命理
64	微塵世界：蔣勳念誦金剛經（有聲書）	蔣勳	有鹿文化	2014 年	宗教命理
65	池上日記	蔣勳	有鹿文化	2014 年	文學小說
66	說文學之美：感覺宋詞	蔣勳	有鹿文化	2017 年	散文

| 67 | 說文學之美：品味唐詩 | 蔣勳 | 有鹿文化 | 2017 年 | 散文 |
| 68 | 雲淡風輕：談東方美學 | 蔣勳 | 有鹿文化 | 2018 年 | 散文 |

二十四、作家：蕭蕭

本名：蕭水順

性別：男

籍貫：臺灣彰化

居住地：基隆

出生日期：1947 年 7 月 27 日

學經歷：輔仁大學中文系畢業，臺灣師範大學國文系研究所。曾任中州工專、達德商工、再興中學、景美女中、北一女中、南山中學教師，中國文化大學、東吳大學、輔仁大學中文系、真理大學臺文系兼任講師、明道大學中文系教授兼系主任、《臺灣詩學季刊》主編、參與「龍族」詩社創設，籌組並主編《詩人季刊》。曾經參加水晶詩社、龍族詩社、後浪詩社（詩人季刊）。

文學風格：蕭蕭的創作文類以詩和散文為主。詩作方面以簡潔凝鍊的意象取勝，在形式空間的安排上，有較為突出的嘗試，主張將現實生活提昇到詩的境界，讓心靈獲得更大的滿足。在散文方面以抒情的格調表現人生的多元性，早期意象鮮明，紀錄少年情懷的真摯與年少激情，《來時路》以後，他在題材的選擇上大有突破，以「人」為中心點去探討人與土地的關係，紀錄上一代的農村生活，也寫出人世間的關懷與領悟。除詩和散文外，蕭蕭多年來致力於詩運的推廣、詩史的建構與現代詩的實務教學，並且對現代詩評論、賞析與創作投入許多心力，與張漢良合著的《現代詩導讀》（5 冊），帶領讀者進入現代詩的領域。此外，蕭蕭長年參與年度詩選、年度散文選的編選工作。至 2007 年止，其著作、主編、論述的詩論、詩作、詩選等作品，高達一百部，對臺灣現代詩壇，貢獻良多。

文學成就：獲獎詩運獎、五四獎、創世紀詩社二十周年詩評論獎、第一屆青年文學獎、中興文藝獎章、新聞局金鼎著作等獎項。

編號	篇　名	作者	出版者	出版日期	作品類別
01	鏡中鏡	蕭蕭	幼獅文化	1977 年 4 月	論述
02	青紅皂白——中國古典	蕭蕭	故鄉出版社	1979 年 4 月	論述
03	現代名詩品賞集	蕭蕭	聯亞出版社	1979 年 5 月	論述

04	現代詩導讀——導讀篇	蕭蕭	故鄉出版社	1979 年 11 月	論述
05	現代詩導讀——理論篇	蕭蕭	故鄉出版社	1979 年 11 月	論述
06	現代詩導讀——批評篇	蕭蕭	故鄉出版社	1979 年 11 月	論述
07	中學白話詩選	蕭蕭	故鄉出版社	1980 年 4 月	論述
08	燈下燈	蕭蕭	東大圖書	1980 年 4 月	論述
09	現代詩入門	蕭蕭	故鄉出版社	1982 年 2 月	論述
10	感人的詩	蕭蕭	希代書版	1984 年 12 月	論述
11	現代詩學	蕭蕭	東大圖書	1987 年 4 月	論述
12	青少年詩話	蕭蕭	爾雅出版社	1989 年 1 月	論述
13	現代詩縱橫觀	蕭蕭	文史哲出版社	1991 年 6 月	論述
14	現代詩創作演練	蕭蕭	爾雅出版社	1991 年 7 月	論述
15	從鍾嶸詩品到司空詩品	蕭蕭	文史哲出版社	1993 年 2 月	論述
16	現代詩廊廡	蕭蕭	彰化縣立文化中心	1993 年 6 月	論述
17	雲端之美，人間之真	蕭蕭	駱駝出版社	1997 年 3 月	論述
18	現代詩遊戲	蕭蕭	爾雅出版社	1997 年 11 月	論述
19	詩從趣味始	蕭蕭	幼獅文化	1998 年 8 月	論述
20	中學生現代詩手冊	蕭蕭	翰林出版社	1999 年 9 月	論述
21	中學生現代散文手冊	蕭蕭	翰林出版社	1999 年 9 月	論述
22	蕭蕭教你寫詩、為你解詩	蕭蕭	九歌出版社	2001 年 6 月	論述
23	臺灣新詩美學	蕭蕭	爾雅出版社	2004 年 2 月	論述
24	舉目	蕭蕭	大昇出版社	1978 年 6 月	詩
25	悲涼	蕭蕭	爾雅出版社	1982 年 11 月	詩
26	毫末天地	蕭蕭	漢光文化	1989 年 7 月	詩
27	緣無緣	蕭蕭	爾雅出版社	1996 年 3 月	詩
28	雲邊書	蕭蕭	九歌出版社	1998 年 7 月	詩
29	皈依風皈依松	蕭蕭	文史哲出版社	2000 年 2 月	詩
30	凝神	蕭蕭	文史哲出版社	2000 年 4 月	詩
31	蕭蕭·世紀詩選	蕭蕭	爾雅出版社	2000 年 5 月	詩
32	蕭蕭短詩選	蕭蕭	銀河出版社	2002 年 6 月	詩
33	流水印象	蕭蕭	大昇出版社	1976 年 5 月	散文
34	美的激動	蕭蕭	蓬萊出版社	1981 年 3 月	散文

35	穿內褲的旗手	蕭蕭	蓬萊出版社	1982 年	散文
36	太陽神的女兒	蕭蕭	九歌出版社	1984 年 10 月	散文
37	稻香路	蕭蕭	九歌出版社	1986 年 5 月	散文
38	感性蕭蕭	蕭蕭	希代書版	1987 年 4 月	散文
39	與白雲同心	蕭蕭	九歌出版社	1988 年 9 月	散文
40	一行兩行情長	蕭蕭	漢光文化	1989 年 4 月	散文
41	測字隨想錄	蕭蕭	合森文化	1989 年 9 月	散文
42	神字妙算	蕭蕭	漢藝色研文化	1990 年 8 月	散文
43	字字玄機——預卜自己的未來	蕭蕭	健行文化	1990 年 8 月	散文
44	八字看平生，一字透玄機	蕭蕭	健行文化	1991 年 2 月	散文
45	忘憂草	蕭蕭	九歌出版社	1992 年 3 月	散文
46	每一滴水都有他自己的聲音	蕭蕭	耀文圖書	1992 年 10 月	散文
47	歡喜生活	蕭蕭	中華文化復興運動總會	1992 年	散文
48	在尊貴的窗口讀信	蕭蕭	九歌出版社	1993 年 10 月	散文
49	47 歲的蘇東坡，47 歲的我	蕭蕭	爾雅出版社	1994 年 6 月	散文
50	禪與心的對話	蕭蕭	九歌出版社	1995 年 3 月	散文
51	心中昇起一輪明月	蕭蕭	九歌出版社	1996 年 4 月	散文
52	詩人的幽默策略	蕭蕭	健行文化	2000 年 3 月	散文
53	父王‧扁擔‧來時路	蕭蕭	爾雅出版社	2001 年 12 月	散文
54	詩話禪	蕭蕭	健行文化	2003 年 2 月	散文
55	暖暖壺穴詩	蕭蕭	紅樹林文化	2003 年 4 月	散文
56	新詩體操十四招	蕭蕭	二魚文化	2005 年 5 月	散文
57	放一座山在心中	蕭蕭	九歌出版社	2006 年 11 月	散文
58	老子的樂活哲學	蕭蕭	文史哲出版社	2000 年 4 月	詩
59	我是西瓜爸爸	蕭蕭	爾雅出版社	2000 年 5 月	詩

二十五、作家：羅青

本名：羅青哲

性別：男

籍貫：湖南湘潭

出生地：青島市

居住地：基隆

出生日期：1948 年 9 月 15 日

來臺時間：1949 年

學經歷：輔仁大學英文系畢業，美國西雅圖華盛頓大學比較文學研究所。曾任輔仁大學英語系、政治大學英語系、臺灣師範大學英語系、美術系及翻譯所教授、國語教學中心主任、明道大學應用英語學系教授兼系主任、東大書局滄海美術叢書主編。1975 年加入「西洋文學研究社」，創辦《草根》詩刊，曾在國內外舉辦過多次畫展。

文學風格：羅青創作文類包括論述、詩、散文，另有翻譯。評論包括詩畫、影劇、文學理論等。1969 年開始發表新詩、散文，1972 年他的處女詩集《吃西瓜的方法》，已具備後現代主義的特色，象徵臺灣現代詩發展的一個全新開始，被余光中評為「新現代詩的起點」之後，陸續開拓「科幻詩」、「錄影詩」等含有都市精神的作品。散文風格逸趣、雋永清新，內容包羅萬象。

文學成就：獲第一屆中國現代詩獎、鹿特丹世界詩人推薦獎。

編號	篇　名	作者	出版者	出版日期	作品類別
1	吃西瓜的方法	羅青	幼獅文化	1972 年 10 月	詩
2	飛躍與超越	羅青	中國現代詩獎基金會	1974 年 6 月	詩
3	神州豪俠傳	羅青	武陵出版社	1975 年 9 月	詩
4	羅青散文集	羅青	洪範書店	1976 年 8 月	散文
5	捉賊記	羅青	洪範書店	1977 年 12 月	詩
6	隱形藝術家	羅青	崇偉公司	1978 年	詩
7	從徐志摩到余光中	羅青	爾雅出版社	1978 年 12 月	論述
8	水稻之歌	羅青	大地出版社	1981 年 4 月	詩
9	不明飛行物來了	羅青	純文學出版社	1984 年 5 月	詩
10	螢火蟲	羅青	臺灣省教育廳	1987 年 4 月	兒童文學
11	我發明了一種藥	羅青	親親文化	1988 年	兒童文學
12	錄影詩學	羅青	書林出版社	1988 年 6 月	詩
13	詩人之橋	羅青	五四書店	1988 年 12 月	論述

14	蘭嶼頌	羅青	行政院原子能委員會放射性處理物料管理處	1989 年	詩
15	七葉樹	羅青	五四書店	1989 年 4 月	散文
16	什麼是後現代主義	羅青	五四書店	1989 年 10 月	論述
17	水墨之美	羅青	幼獅文化	1991 年 8 月	散文
18	荷馬史詩研究——詩魂貫古今	羅青	臺灣學生書局	1994 年 8 月	論述
19	羅青看電影——原型與象徵	羅青	東大圖書	1995 年 7 月	論述
20	少年阿田恩仇錄	羅青	民生報社	1996 年 10 月	兒童文學
21	畫外笛聲揚——絕妙好畫一	羅青	雄獅圖書	1998 年 7 月	論述
22	紙上飄清香——絕妙好畫二	羅青	雄獅圖書	1998 年 10 月	論述
23	一本火柴盒	羅青	民生報社	1999 年 8 月	兒童文學
24	詩眼照天涯——招牌篇	羅青	世新大學出版中心	2002 年 2 月	散文
25	詩眼照天涯——碧樹篇	羅青	世新大學出版中心		散文
26	詩眼照天涯——窗戶篇	羅青	世新大學出版中心		散文
27	詩眼照天涯——雕像篇	羅青	世新大學出版中心		散文

二十六、作家：思理

本名：沈麗華

筆名：南屏、飄萍、點墨

性別：女

籍貫：臺灣基隆

出生日期：1948 年 4 月 3 日

學經歷：輔仁大學歷史系畢業，輔仁大學歷史系碩士，美國印地安那州聖母大學歷史系碩士。曾任聖母大學、密西根偉恩郡中文學校教員及教務主任、密西根僑教聯誼會會長、任職於 Schoolcraft College Libraries Michigan。

　　文學風格：思理創作文類包括詩、英文詩、散文、短篇小說、極短篇。小說主題以闡釋各類情感為主題，描寫親情、萬物情態和旅遊感觸。

　　文學成就：獲華文著述文藝創作散文詩歌獎。

編　號	篇　名	作　者	出版者	出版日期	作品類別
01	思理極短篇	思理	爾雅出版社	1993 年 7 月	小說
02	One Tenth	思理	March Street Bess	2005 年 5 月	詩

二十七、作家：蘇白宇

　　筆名：白雨、蘇風

　　性別：女

　　籍貫：湖南益陽

　　出生地：臺灣基隆

　　出生日期：1949 年 10 月 24 日

　　學經歷：臺灣大學大氣科學系畢業。曾任職高中教師、研究助理，現在專事寫作。

　　文學風格：蘇白宇的創作文類以詩為主。作品最早發表於 1975 年 3 月《藍星》季刊，偶有散文、小說之作問世。其創作以生活為中心，面對平凡事物，賦予想像，有時自我陶醉，有時冷眼旁觀。寫詩時能隨興岔入小徑探險，享受各種意外的驚喜。

　　文學成就：獲優秀青年詩人獎。

編　號	篇　名	作　者	出版者	出版日期	作品類別
01	待宵草	蘇白宇	自印	1983 年 3 月	詩
02	一場雪	蘇白宇	自印	1989 年 10 月	詩
03	坐看風起時——一個城市媽媽的美麗新視界	蘇白宇	亞細亞出版社	1999 年 10 月	散文

二十八、作家：江上秋

　　本名：陳春華

　　筆名：霓心、陳寧、曉江

　　性別：女

　　籍貫：浙江鎮海

出生地：臺灣基隆

出生日期：1949 年 3 月 26 日

學經歷：世界新聞專科學校編輯採訪科畢業。曾任《民眾日報》記者、基隆市婦女會祕書、《臺灣新聞報》記者及副刊編輯、高雄市文藝協會常務理事。

文學風格：江上秋創作文類包括散文、小說、報導文學。散文以短篇為多，錄人記事，把握一瞬之靈光閃現，小說能於短篇幅內醞釀一情境，而於篇末予以深化或翻轉，收慨歎或惋惜之效，報導文學則充分體現人性關懷，行文委婉敦厚，諷諭亦能寓之於理。

文學成就：獲聯合報短篇小說獎。

編　號	篇　名	作　者	出版者	出版日期	作品類別
01	印證——江上秋文集	江上秋	文史哲出版社	2001 年 3 月	合集

二十九、作家：高大鵬

筆名：高達

性別：男

籍貫：山東臨朐

出生地：臺灣基隆

出生日期：1949 年 7 月 24 日

學經歷：臺灣大學中文系畢業，東吳大學中文系碩士，政治大學中文系博士。曾任《聯合文學》總編輯、時報文化出版公司編審、《中華日報》與《民生報》主筆、藝術學院副教授、東吳大學中文系教授、臺北商業技術學院共同學科教授、東吳大學中文系兼任教授、佳音廣播電臺節目主持人。

文學風格：高大鵬創作文類以散文為主，兼有學術著作、詩歌及專欄。將過往的心路歷程都留在文字裡，他曾自述其散文「大致上就是一本心靈摸索追尋的日記」（《追尋》自序）。人到中年以後，或自述身世，或敘述儒家倫理、民間信仰和佛家悲情，或為信仰的告白；也以犀利之筆，感時詠事，頗多創見。在詩作方面，他一開始「熱愛意象派，並深受超現實主義的影響」，之後則「漸漸歸於古典」（《獨樂園》自序）。

文學成就：獲時報文學獎、行政院新聞局金鼎獎、中山文藝獎、國家文藝獎等獎項。

編號	篇　名	作　者	出版者	出版日期	作品類別
01	陶詩新論	高大鵬	時報文化	1981 年 1 月	論述
02	神仙傳——造化的鑰匙	高大鵬	時報文化	1981 年 1 月	論述
03	唐詩演變之研究	高大鵬	自印	1985 年 6 月	論述
04	文海偶拾——中西文化小語	高大鵬	黎明文化	1991 年 3 月	論述
05	傳遞白話的聖火——少年胡適與中國文藝復興運動	高大鵬	駱駝出版社	1996 年 11 月	論述
06	味吉爾歌	高大鵬	自印	1974 年 1 月	詩
07	獨樂園	高大鵬	時報文化	1980 年 8 月	詩
08	追尋	高大鵬	聯合文學	1989 年 2 月	散文
09	知風草	高大鵬	黎明文化	1989 年 3 月	散文
10	移山集	高大鵬	黎明文化	1989 年 9 月	散文
11	吹不散的人影	高大鵬	三民書局	1995 年 3 月	散文
12	文學人語	高大鵬	三民書局	1995 年 4 月	散文
13	永遠的媽媽山	高大鵬	九歌出版社	1995 年 5 月	散文

三十、作家：連水淼

筆名：陳有本

性別：男

籍貫：福建廈門

出生地：臺灣基隆

出生日期：1949 年 7 月 21 日

學經歷：香港現代中醫學院畢業，政治大學企業經理高級班結業。曾任中視及華視外製綜藝節目製作人、連勝影視公司總經理。曾與沙穗、張堃共同創辦《暴風雨》詩刊，後加入「創世紀」詩社。曾為智華公司董事長、美國世界藝術文化學院榮譽文學博士。

文學風格：連水淼的創作文類以詩為主。其詩作的表現手法，語言秩序與意象鋪陳，都保持其獨特的風貌，近年來他更致力於詩與歌的語言整合，使詩與歌的題材因而拓寬不少。

文學成就：獲第一屆海軍文藝金錨獎、海軍文藝工作績優獎、全國優秀青年詩人獎、行政院新聞局「好歌大家唱」優良創作獎。

編　號	篇　名	作　者	出版者	出版日期	作品類別
01	異樣的眼睛	連水淼	一元出版社	1970 年 1 月	詩
02	生命的樹	連水淼	創世紀詩社	1980 年 3 月	詩
03	臺北‧臺北	連水淼	創世紀詩社	1983 年 4 月	詩
04	陽明花開	連水淼	創世紀詩社	1983 年 7 月	詩
05	春風拂百花	連水淼	創世紀詩社	1985 年 1 月	詩
06	自然科學重要定律之歌	連水淼	連勝影視	1986 年	詩
07	連水淼自選集	連水淼	黎明文化	1988 年 5 月	詩
08	在否定之後	連水淼	屏東縣立文化中心	1995 年 5 月	詩

三十一、作家：何光明

性別：男

籍貫：臺灣基隆

出生日期：1950 年 7 月 24 日

學經歷：輔仁大學法律系畢業。曾任國小教師、記者、啟聰學校教師、國中教師、臺北縣三民中學教師、「南方快報」專欄作家。

文學風格：何光明創作文類包括詩、散文和小說。主題多聚焦於教育、政治與歷史，以寫實筆調呈現人類在社會環境下的命運與思考。小說題材多描寫小人物的辛酸與遭遇，反映社會現象與普遍人性，詞字簡樸，描繪深刻。

文學成就：獲洪建全教育文化基金會兒童文學創作獎、時報文學獎、中央日報文學獎、教育部文藝創作獎。

編　號	篇　名	作　者	出版者	出版日期	作品類別
01	一分鐘的重逢	何光明	晨星出版社	1992 年 4 月	小說
02	寫給春天的情詩	何光明	爾雅出版社	1993 年 7 月	詩
03	兩性物語	何光明	遠景出版社	1995 年 7 月	散文
04	殺生	何光明	遠景出版社	1996 年 8 月	小說

三十二、作家：東年

本名：陳順賢

性別：男

籍貫：臺灣基隆

出生日期：1950 年 4 月 15 日

學經歷：臺北工專畢業，美國愛荷華大學國際作家寫作班研究。曾任聯經出版公司副總經理、歷史智庫出版公司社長、《歷史月刊》社長兼總編輯、《聯合文學》社務顧問。

文學風格：東年的創作文類有散文和小說。其散文就具體人事物，寫出作者在臺灣生活的回憶和感情；小說則以敏銳的觸覺，探索現代社會中人的處境和問題，司馬中原謂其「文字洗鍊且嚴謹，融合眼觀與心照，有著曲折隨心的輕靈韻致，摒棄文學性薄弱的編織和浮誇的描述，將作品作深入、赤裸的呈現」。在內容上，可以看出作者除了編陳時空轉換，當中「萬有精神的喪失，還提供一個呼籲——人應該彼此相愛」（蔡源煌）。東年為臺灣海洋文學先驅之一，亦是鄉土文學作家，日後更鑽研、發展出深入佛典及臺灣歷史的大敘述小說。

文學成就：獲聯合報短篇小說獎，時報文學獎。

編號	篇　名	作者	出版者	出版日期	作品類別
01	給福爾摩莎寫信	東年	聯合文學	2005 年 1 月	散文
02	落雨的小鎮	東年	聯經出版社	1977 年 12 月	小說
03	大火	東年	聯經出版社	1979 年 9 月	小說
04	去年冬天	東年	聯經出版社	1983 年 9 月	小說
05	失蹤的太平洋三號	東年	聯經出版社	1985 年 3 月	小說
06	模範市民	東年	聯經出版社	1988 年 1 月	小說
07	東年集	東年	前衛出版社	1992 年 4 月	小說
08	初旅	東年	麥田出版社	1993 年 3 月	小說
09	地藏菩薩本願寺	東年	聯合文學	1994 年 11 月	小說
10	我是這樣說的——希達多的本事及原始教義	東年	聯合文學	1996 年 3 月	小說
11	再會福爾摩莎	東年	聯合文學	1998 年 6 月	小說
12	愛的饗宴	東年	聯合文學	2000 年 1 月	小說

三十三、作家：郭成義

筆名：郭亞天

性別：男

籍貫：臺灣基隆

出生日期：1950 年 6 月 27 日

學經歷：大學畢業。曾任《詩人坊》雙月刊主編、出版社總編輯、雜誌社總經理、《自由時報》撰述委員、《笠詩刊》編輯委員。

文學風格：郭成義創作文類包括論述、詩。作品特具人間性、生活性、現實性與藝術性的交融追索；其風格傾向為從平凡的物象中找出新義，在物性與人性之間張開連繫的線索，從抒情出發，鍛鍊思想的芬芳。李魁賢認為「郭成義儘管在評論中雄辯滔滔，但他的詩並無強制傳達的雄辯性，無寧說在詩中，他以抒情性佔據優位。」

文學成就：獲全國優秀青年詩人獎、吳濁流新詩獎。

編號	篇　　名	作　者	出版者	出版日期	作品類別
01	薔薇的血跡	郭成義	笠詩刊社	1975 年 6 月	詩
02	從抒情趣味到反藝術思	郭成義	金文圖書	1984 年 10 月	論述
03	郭成義詩集	郭成義	笠詩刊社	1986 年 2 月	詩
04	國土	郭成義	秀威資訊科技	2010 年 2 月	詩

三十四、作家：桑柔

本名：徐美麗

筆名：桑寄生、垂鬱

性別：女

籍貫：臺灣基隆

出生日期：1950 年 4 月 18 日

學經歷：省立基隆商職畢業。曾任基隆市政府技工，現專職寫作。

文學風格：桑柔創作文類包括詩、散文、小說和傳記。早期寫詩，後來以詩法寫散文，使她的散文更具彈性與密度，讀來有如讀節奏綿密的長詩。在她的筆下，人間的溫涼冷暖，都有具體而動人的形象；晚期則轉向小說創作，以敘說故事的方式，探討女性問題，著重於人物的情感表現，充滿著超現實的趣味。

編　號	篇　　名	作　者	出版者	出版日期	作品類別
01	讀夜	桑柔	水芙蓉出版社	1977 年 10 月	散文
02	少年島	桑柔	天華出版社	1978 年 5 月	散文
03	鶼鰈情深	桑柔	希代書版	1985 年 10 月	散文

04	薔薇因風謝了	桑柔	精美出版社	1983 年 4 月	小說
05	雪百合的天國	桑柔	精美出版社	1985 年 6 月	小說
06	他是一株楓樹	桑柔	爾雅出版社	1986 年 6 月	小說
07	李叔同的性靈	桑柔	精美出版社	1985 年 6 月	傳記
08	辜鴻銘的幽默	桑柔	精美出版社	1985 年 6 月	傳記

三十五、作家：玄小佛

本名：何隆生

性別：女

籍貫：江西南康

出生地：臺灣基隆

出生日期：1951 年 6 月 2 日

學經歷：世界新聞專科學校肄業，曾任電視戲劇節目製作。

文學風格：玄小佛的創作文類以小說為主。題材以愛情為大宗，內容風格廣受當時大眾的歡迎，作品流傳於海峽兩岸。18 歲出版第一本小說集《白屋之戀》，並由中影公司拍成電影，其後陸續有 20 餘部小說被搬上銀幕。其著作量豐富，截至目前為止共有 52 本。其小說世界筆下人物的愛情婚姻多以悲劇收場，塑造的女性形象多數個性剛烈。

文學成就：獲金馬獎最佳編劇獎。

編　號	篇　名	作　者	出版者	出版日期	作品類別
01	小木屋	玄小佛	南琪出版社	1976 年 1 月	小說
02	風鈴	玄小佛	南琪出版社	1976 年 1 月	小說
03	圓之外	玄小佛	南琪出版社	1976 年 1 月	小說
04	晨霧	玄小佛	萬盛出版社	1976 年 6 月	小說
05	又是起風時	玄小佛	萬盛出版社	1976 年 9 月	小說
06	留住一片情	玄小佛	萬盛出版社	1976 年 12 月	小說
07	午後陽光	玄小佛	萬盛出版社	1977 年 6 月	小說
08	沙灘上的月亮	玄小佛	萬盛出版社	1977 年 8 月	小說
09	幾許煙愁	玄小佛	萬盛出版社	1978 年 1 月	小說
10	潮來潮往	玄小佛	萬盛出版社	1978 年 5 月	小說
11	沈澱的愛情	玄小佛	萬盛出版社	1978 年 6 月	小說
12	彩色的夢	玄小佛	萬盛出版社	1978 年 10 月	小說

13	放走的秋	玄小佛	萬盛出版社	1978 年 10 月	小說
14	最後的夏季	玄小佛	萬盛出版社	1978 年 11 月	小說
15	細雨敲我窗	玄小佛	萬盛出版社	1978 年 12 月	小說
16	一溪流水	玄小佛	萬盛出版社	1979 年 6 月	小說
17	遲來的春天	玄小佛	萬盛出版社	1979 年 8 月	小說
18	握緊我的手	玄小佛	萬盛出版社	1979 年 9 月	小說
19	螢火蟲	玄小佛	萬盛出版社	1980 年 8 月	小說
20	昨日雨瀟瀟	玄小佛	萬盛出版社	1980 年 9 月	小說
21	小葫蘆	玄小佛	萬盛出版社	1980 年 11 月	小說
22	花蕊繽紛	玄小佛	萬盛出版社	1981 年 5 月	小說
23	誰敢惹我	玄小佛	萬盛出版社	1981 年 6 月	小說
24	笨鳥滿天飛	玄小佛	萬盛出版社	1982 年 1 月	小說
25	花神的女兒	玄小佛	萬盛出版社	1983 年 6 月	小說
26	愛的行動	玄小佛	萬盛出版社	1983 年 6 月	小說
27	第二道情緣	玄小佛	萬盛出版社	1983 年 12 月	小說
28	紅衣女孩	玄小佛	萬盛出版社	1983 年 12 月	小說
29	不要跟蹤我	玄小佛	萬盛出版社	1984 年 11 月	小說
30	她是我媽媽	玄小佛	萬盛出版社	1985 年 3 月	小說
31	崩潰邊緣	玄小佛	萬盛出版社	1986 年 8 月	小說
32	等你四十三年	玄小佛	萬盛出版社	1987 年 3 月	小說
33	星星在我心	玄小佛	萬盛出版社	1988 年 5 月	小說
34	誰來愛我	玄小佛	萬盛出版社	1988 年 5 月	小說
35	驀然回首	玄小佛	萬盛出版社	1988 年 6 月	小說
36	綴綴星辰	玄小佛	萬盛出版社	1988 年 6 月	小說
37	踩在夕陽裡	玄小佛	萬盛出版社	1988 年 6 月	小說
38	今夜如畫	玄小佛	萬盛出版社	1989 年 4 月	小說
39	杜小月	玄小佛	萬盛出版社	1989 年 7 月	小說
40	等你千萬年	玄小佛	萬盛出版社	1989 年 8 月	小說
41	天邊一顆星	玄小佛	萬盛出版社	1989 年 8 月	小說
42	太陽雨	玄小佛	晨星出版社	1990 年 2 月	小說
43	又見夕陽紅	玄小佛	晨星出版社	1990 年 5 月	小說
44	天鵝與風箏	玄小佛	萬盛出版社	1991 年 5 月	小說
45	剪掉一段雲	玄小佛	萬盛出版社	1991 年 5 月	小說
46	兩個月亮	玄小佛	晨星出版社	1992 年 3 月	小說

47	排行榜上的女人	玄小佛	晨星出版社	1993 年 2 月	小說
48	無言的羔羊	玄小佛	晨星出版社	1993 年 4 月	小說
49	愛情與激情	玄小佛	晨星出版社	1993 年 5 月	小說
50	春天的魚	玄小佛	晨星出版社	1993 年 6 月	小說
51	等夢的女人	玄小佛	晨星出版社	1994 年 10 月	小說
52	浪漫愛情探險	玄小佛	晨星出版社	1995 年 1 月	小說

三十六、作家：陳青松

筆名：勁、勁夫、茂堂

性別：男

籍貫：臺灣基隆

出生日期：1951 年 1 月 2 日

學經歷：淡江大學銀行系畢業，臺灣大學商學所碩士班肄業，經營益世書局。曾任《基隆市志》編纂委員、雞籠文史協進會理事、基隆市古蹟評鑑委員、基隆市文化基金會董事、基隆圖書館理監事八年、「文風雜誌‧基隆采風」特約撰稿。

文學風格：陳青松創作文類包括散文與傳記。其以書局經營為業，筆下所載亦關注於出版與圖書相關文化產業之整理，為基隆市一地編撰采風錄，考察相關圖書館發展與藝文沿革，為地方文史留下相關紀錄。此外，以自身生活為題材，寓生活感觸、親子教育於文中，其祖父陳其寅言青松之文乃「良知之自察，不僅為學之有見地已也」。傳記則考察地方耆老行跡，追尋將遭湮滅之人物風采。與其祖父陳其寅，父親陳德潛，三代皆投入基隆文史研究推廣與傳承，受其祖父影響，長期致力基隆之文史研究，成立茂堂文史工作室。

文學成就：當選基隆市社會優秀青年、基隆市優良商人；獲國史館出版文獻書刊獎。

編號	篇 名	作 者	出版者	出版日期	作品類別
01	益者三友	陳青松	基隆市立文化中心	1993 年 6 月	散文
02	書香‧書鄉	陳青松	頂淵文化	1998 年 2 月	散文
03	基隆采風藝文錄	陳青松	基隆市立文化中心	2000 年 7 月	散文
04	基隆圖書館史	陳青松	基隆市立文化局	2006 年 10 月	史
05	曠世奇才的石坂莊作	陳青松	基隆市文化局	2006 年 5 月	傳記

06	基隆市志‧文化事業篇	陳青松	基隆市文化局	2001 年	史
07	陳其寅百年紀念展	陳青松	基隆市文化局	2001 年	傳記
08	基隆第一‧人物篇	陳青松	基隆市文化局	2004 年	傳記
09	基隆第一‧藝文篇	陳青松	基隆市文化局	2004 年	散文
10	基隆第一‧文物古蹟篇	陳青松	基隆市文化局	2004 年	散文

三十七、作家：陳萬軍

筆名：翩翩、賈先、石尤風

性別：男

籍貫：江蘇江都

出生地：臺灣基隆

出生日期：1951 年 8 月 24 日

學經歷：臺灣科技大學工管系碩士，空軍官校 54 期畢業。曾任電子官、參謀、空軍總司令部通信電子資訊署署長，晉昇少將。

文學風格：陳萬軍創作文類以小說為主。多以軍中生活為題材，文字平順，內容充滿捍衛領空之報國情懷。

文學成就：獲空軍新文藝雛鷹獎、銅鷹獎、金鷹獎，國軍新文藝金像獎、銀像獎、銅像獎，中興文藝獎章，基隆市傑出青年。

編　號	篇　　名	作　者	出版者	出版日期	作品類別
01	天之驕子	陳萬軍	中央日報出版中心	1979 年 5 月	小說
02	合歡	陳萬軍	基隆市立文化中心	1993 年 6 月	小說

三十八、作家：黃翰荻

性別：男

籍貫：臺灣基隆

出生日期：1951 年

學經歷：臺灣大學科學系畢業，曾就讀紐約藝術專科盟校。曾為《中國時報》、《自由時報》、《工商時報》、《文星》雜誌等時報雜誌藝術專欄作家。

文學風格：黃翰荻的創作文類有論述和散文。論述多為藝術評論，融入情感和個人經驗，關心藝術創作本身，且擴及其所在的大環境；散文為生活記事及與藝術相關之心得；另長期致力於西洋藝術理論的引進，譯有《泰戈

爾自傳》、《現代藝術意義之探索》、《藝術對談錄》等。

編　號	篇　名	作　者	出版者	出版日期	作品類別
01	干舞集	黃翰荻	三民書局	1991 年 5 月	論述
02	翰荻草	黃翰荻	元尊文化	1998 年 11 月	論述
03	臺灣攝影隅照	黃翰荻	元尊文化	1998 年 12 月	論述
04	止舞草	黃翰荻	遠流出版社	1996 年 10 月	散文

三十九、作家：吳念真

本名：吳文欽

性別：男

籍貫：臺灣臺北

出生日期：1952 年 8 月 5 日

學經歷：就讀基隆一中（今之基隆中學），輔仁大學夜間部會計系畢業。曾任圖書管理員、中央電影公司編審、TVBS 創意總監、「臺灣念真情」節目主持人、廣告演員、任吳念真影像文化公司及大象影片製作公司董事長、綠光劇團舞臺劇編劇、臺北藝術大學電影創作所兼任副教授、新境界文教基金會董事之一、中華民國快樂學習協會理事長。1978 年吳念真開始接觸劇本創作，1981 年與小野、侯孝賢、楊德昌、張毅等電影工作者為臺灣新電影催生奮鬥，編劇作品高達七十多部。1996 年開始主持電視節目「臺灣念真情」，走過臺灣各個角落，發掘臺灣各階層人物的奮鬥故事，深刻動人。近年更將觸角延伸至舞臺劇導演上，是一位全方位的文化人。

文學風格：吳念真的創作文類包括散文、小說、劇本、報導文學等。吳念真由於生長在礦工之家，對社會底層人民的生活有很深刻的體會，使他的作品裡處處顯露悲憫的情懷，真摯而感人，「愛」與「生活的悲哀」這兩條經緯線，組成吳念真的小說世界。

文學成就：獲聯合報小說獎、吳濁流文學獎、全國學生文學獎、國軍文藝金像獎等，並多次榮獲金馬獎最佳原著劇本、最佳改編劇本獎。

編　號	篇　名	作　者	出版者	出版日期	作品類別
01	針線盒	吳念真	號角出版社	1982 年 1 月	散文
02	臺北歐吉桑——吳念真 v.s. e 世代	吳念真	千禧國際文化	2000 年 10 月	散文

03	抓住一個春天	吳念真	聯經出版社	1977 年 7 月	小說
04	邊秋一雁聲	吳念真	遠景出版社	1978 年 9 月	小說
05	香火	吳念真	時報文化	1979 年 7 月	小說
06	吳念真自選集	吳念真	世界文物出版社	1981 年 9 月	小說
07	特別的一天	吳念真	遠流出版社	1988 年 8 月	小說
08	戀戀風塵	吳念真	三三書坊	1987 年 3 月	劇本
09	悲情城市	吳念真	三三書坊	1989 年 8 月	劇本
10	戲夢人生	吳念真	麥田出版社	1993 年 5 月	劇本
11	多桑	吳念真	麥田出版社	1994 年 7 月	劇本
12	人間條件	吳念真	圓神出版社	2004 年 4 月	劇本
13	臺灣念真情之尋找臺灣角落	吳念真	麥田出版社	1997 年 7 月	報導文學
14	臺灣念真情之這些地方這些人	吳念真	麥田出版社	1998 年 8 月	報導文學
15	臺灣頭家	吳念真	非凡商業周刊雜誌社	2001 年 9 月	傳記
16	尋找《太平·天國》	吳念真	麥田出版社	1996 年 7 月	日記
17	八歲，一個人去旅行	吳念真	遠流出版社	2003 年 6 月	兒童文學
18	鞦韆·鞦韆飛起來	吳念真	遠流出版社	2005 年 1 月	兒童文學

四十、作家：陌上塵

本名：劉振權

筆名：唐靜

性別：男

籍貫：臺灣苗栗

出生日期：1952 年 2 月 12 日

學經歷：基隆立德高工電子科畢業。曾任臺灣造船公司技工、中國造船公司高雄總廠技工、《今周刊》駐高雄記者、《南方快報》採訪記者。曾與友人創辦《陽光小集》詩刊，和沙穗等共同主編《暴風雨》詩刊。

文學風格：陌上塵的創作文類有散文和小說。早年寫詩，因工作環境所致，故有一系列描寫工人生活的〈黑手詩抄〉，推出後已逐漸建立起自己作品的風格。吳晟曾說：「年輕詩人中作品最能反映出工人層面和精神內涵的，一是何炳純，一是陌上塵。」1979 年受李喬指導開始習作小說，此後便開始系

列勞工小說之創作，其後小說作品，更被稱為「工人小說」，反映出勞工階級在工作、生活及內心的掙扎和需求。文風真實而不誇張、樸實而不華麗。

文學成就：獲高縣第一屆鳳邑文學小說獎。

編號	篇　名	作　者	出版者	出版日期	作品類別
01	造船廠手記	陌上塵	愛華出版社	1988 年 6 月	散文
02	故鄉，永遠的懷念	陌上塵	前衛出版社	1994 年 4 月	散文
03	思想起	陌上塵	東大圖書	1980 年 10 月	小說
04	夢魘九十九	陌上塵	前衛出版社	1983 年 10 月	小說
05	長夜漫漫	陌上塵	希代書版	1986 年 8 月	小說
06	綁架連戰	陌上塵	南臺灣日報	1996 年 2 月	小說
07	出局	陌上塵	高雄縣立文化中心	1997 年 4 月	小說
08	菊姊	陌上塵	高雄縣立文化中心	1998 年 4 月	小說
09	玉香集	陌上塵	德馨室出版社	1978 年 7 月	合集

四十一、作家：董雲霞

別號：淨雲

性別：女

籍貫：山東威海衛

出生地：臺灣基隆

出生日期：1953 年 6 月 10 日

學經歷：世界新聞專科學校編採科畢業。曾任《臺灣時報》藝文記者，《時報周刊》主編，《中國時報》文化版美術記者、文化中心文化版主編、副刊組浮世繪版編輯、淨土宗文教基金會董事。

文學風格：董雲霞的創作文類以散文為主，兼及報導文學。內容大都是發抒個人生活、旅行感觸及反觀自省的文章。

編　號	篇　名	作　者	出版者	出版日期	作品類別
01	飲酒醉	董雲霞	漢藝色研文化	1996 年 7 月	散文
02	逍遙遊	董雲霞	大地出版社	2001 年 8 月	散文
03	都市叢林——現代禪象山修行社區	董雲霞	現代禪出版社	2002 年 1 月	報導文學

四十二、作家：續美玲

筆名：書亞、曉芃、凌雨琳

性別：女

籍貫：河北

出生地：臺灣基隆

出生日期：1953 年

學經歷：現專事寫作。

文學風格：續美玲創作文類包含論述、散文、小說及翻譯。22 歲離開臺灣本島，落居金門，讀書之餘，累積創作能量，於焉誕生屬於金門的文學作品。楊樹清謂其文字「跳脫田園山色的寫實，反而去尋思實景背後的文學脈動」。

編　號	篇　　名	作　者	出版者	出版日期	作品類別
01	花崗岩島的戀人	續美玲	小報文化	1992 年 9 月	合集

四十三、作家：蘇友貞

筆名：映鐘

性別：女

籍貫：湖南益陽

出生地：臺灣基隆

出生日期：1954 年 12 月 18 日

學經歷：臺灣大學外文系畢業，美國威斯康新大學麥迪遜校區比較文學碩士，密蘇里大學聖路易校區管理資訊系統碩士。曾任電腦程式設計師、北美華人寫作協會聖路易分會會長，旅居美國，專事寫作。

文學風格：蘇友貞的創作文類有散文及小說。散文以跨越時空與文化的閱讀與寫作，帶領讀者思考與拓寬視野；小說以短篇為主，文筆流暢，情感真摯；小說另有翻譯作品。

編號	篇　　名	作　者	出版者	出版日期	作品類別
01	禁錮在德黑蘭的羅麗塔	蘇友貞	立緒文化	2006 年 8 月	散文
02	知更鳥的葬禮	蘇友貞	文史哲出版社	2004 年 12 月	小說

四十四、作家：沈振中

別號：老鷹

性別：男

籍貫：臺灣基隆

出生日期：1954 年 11 月 1 日

學經歷：輔仁大學生物系畢業。曾任輔仁大學生物系研究助理、康寧護校、基隆德育護專生物教師及社團指導老師。曾參與快樂兒童中心夏令營，擔任營長，以及「快樂、魔奇、九歌」兒童劇團團員。1993 年 6 月辭去教職，並創立基隆市野鳥學會，全心投入臺灣老鷹觀察紀錄工作，歷任基隆野鳥學會創會理事長，中華民國野鳥協會常務理事、臺灣猛禽研究會、基隆鳥會常務監事、荒野保護協會講師與義工。

文學風格：沈振中創作文類以報導文學為主。以老鷹為觀察紀錄對象，立志為臺灣老鷹做二十年的生命見證。他以時間為軸，詳述老鷹的生活、繁殖行為、人類文明對老鷹的迫害，同時也在文章中表現出尋找、發現老鷹過程中的心路歷程，並運用由老鷹學習而來的團體動力與精神，進行自然體驗、生命教育、社團幹部之團隊訓練為生活重心。

文學成就：獲時報文學報導文學獎評審獎、生態文學暨報導獎地球村獎。

編　號	篇　名	作　者	出版者	出版日期	作品類別
01	老鷹的故事	沈振中	晨星出版社	1993 年 4 月	報導文學
02	鷹兒要回家——臺灣老鷹生態紀實	沈振中	晨星出版社	1998 年 1 月	報導文學
03	老鷹觀想錄	沈振中	基隆市野鳥學會	1999 年 12 月	報導文學
04	老鷹的故事 3——尋找失落的老鷹	沈振中	晨星出版社	2004 年 9 月	報導文學

四十五、作家：紀蔚然

性別：男

籍貫：臺灣基隆

出生日期：1954 年

學經歷：輔仁大學英文系學士及碩士，美國堪薩斯大學戲劇系碩士，美國愛荷華大學英美文學博士。曾任政治大學英語系、臺灣師範大學英語系副教授、臺灣大學戲劇系教授兼系主任。

文學風格：紀蔚然創作文類以論述與劇本為主。近年來散文著作漸增。

其文字風格濃烈不俗，嘲諷中常帶機趣。其劇本創作，主要關注的焦點為家
庭與男性，善於描寫各式衝突場景，語言活潑，獲得廣大迴響。

編　號	篇　名	作　者	出版者	出版日期	作品類別
01	現代戲劇敘事觀——解構與建構	紀蔚然	書林出版社	2006 年 3 月	論述
02	嬉戲	紀蔚然	印刻出版社	2004 年 11 月	散文
03	終於直起來	紀蔚然	印刻出版社	2005 年 10 月	散文
04	誤解莎士比亞	紀蔚然	印刻出版社	2008 年 8 月	散文
05	黑夜白賊	紀蔚然	文鶴出版社	1996 年	劇本
06	夜夜夜麻	紀蔚然	元尊文化	1997 年	劇本
07	也無風也無雨	紀蔚然	元尊文化	1998 年	劇本
08	一張床四人睡	紀蔚然	書林出版社	1999 年 6 月	劇本
09	無可奉告	紀蔚然	書林出版社	2001 年 5 月	劇本
10	烏托邦 Ltd	紀蔚然	書林出版社	2001 年 12 月	劇本
11	好久不見	紀蔚然	印刻出版社	2004 年 11 月	劇本
12	影癡謀殺	紀蔚然	印刻出版社	2005 年 4 月	劇本

四十六、作家：陳家帶

性別：男

籍貫：廣東豐順

出生地：臺灣基隆

出生日期：1954 年 2 月 28 日

學經歷：政治大學新聞系碩士。「長廊」詩社發起人之一，曾任音樂月刊
與罐頭音樂雜誌主筆、《聯合報》通訊組編輯、《聯合晚報》編輯中心副主任、
臺灣大學新聞研究所兼任教師、文山社區大學講師。

文學風格：陳家帶創作文類以詩為主。熱衷於山水詩及茶詩創作，亦探
討城市生活背後的意義，回歸都市生活與精神生活的內在觀照。瘂弦曾評其
詩：「直抒胸臆，不假雕飾，是陳家帶一貫秉持的語言策略，他擅長吸收口語，
以白話來調整詩的節奏，藉以增加生活的氣息。」

文學成就：獲新聞編輯金鼎獎、中國時報敘事詩獎、臺北文學獎現代詩
首獎。

編　號	篇　名	作　者	出版者	出版日期	作品類別
01	夜奔——陳家帶詩集	陳家帶	東林文學社	1975 年 11 月	詩
02	雨落在全世界的屋頂——陳家帶詩集	陳家帶	東林文學社	1980 年 5 月	詩
03	城市的靈魂	陳家帶	書林出版社	1999 年 1 月	詩
04	人工夜鶯	陳家帶	書林出版社	2011 年 11 月	詩
05	聖陵線	陳家帶	印刻出版社	2015 年 12 月	詩

四十七、作家：向陽

本名：林淇瀁

筆名：林璜

性別：男

籍貫：臺灣南投

居住地：基隆

出生日期：1955 年 5 月 7 日

學經歷：中國文化大學東語系日文組畢業、新聞系碩士，政治大學新聞系博士。曾為美國愛荷華大學「國際作家工作坊」邀訪作家。1979 年與友人合組「陽光小集」詩社，曾任《時報周刊》主編、《大自然》季刊總編輯、《自立晚報》藝文組主任兼副刊主編、總編輯、總主筆和副社長、東華大學民族語言與傳播學系暨民族發展所、中興大學臺文所教授，吳三連臺灣史料基金會董事兼祕書長、行政院政務顧問、總統府人權諮詢委員會祕書、臺灣筆會副會長、中華民國新詩學會常務理事、國立臺北教育大學臺灣文化研究所教授兼圖書館館長。現任國立臺北教育大學臺文所教授，學術研究論文及專書著作累積 40 餘種。

文學風格：向陽的創作文類豐富，有論述、新詩、散文、小說和兒童文學。1969 年於《巨人雜誌》詩廣場發表第一首新詩〈愁悶，給誰〉。他的新詩最有特色的是方言詩與十行詩，前者的成果充分表現在〈家譜〉及〈鄉里記事〉等一系列作品中；後者則以《十行集》為代表，《歲月》一書則是二者的融合。在學術論著方面，除新詩評論外，對文學傳播、文化現象的觀察，亦有獨到見解。近年更致力精編臺灣各類詩文選本，有目共睹。

文學成就：獲全國優秀青年詩人獎、吳濁流文學獎、時報文學獎、國家文藝獎、美國愛荷華大學榮譽作家、玉山文學獎、榮後臺灣詩人獎、臺灣文

學獎、第 23 屆金曲獎傳統暨藝術音樂類最佳作詞人獎等獎項。

編號	篇　　名	作者	出版者	出版日期	作品類別
01	康莊有待	向陽	東大圖書	1985 年 5 月	論述
02	迎向眾聲——八〇年代臺灣文化情境觀察	向陽	三民書局	1993 年 11 月	論述
03	為臺灣祈安	向陽	南投縣立文化中心	1995 年 6 月	論述
04	喧嘩、吟哦與嘆息——臺灣文學散論	向陽	駱駝出版社	1996 年 11 月	論述
05	書寫與拼圖——臺灣文學傳播現象研究	向陽	麥田出版社	2001 年 10 月	論述
06	長廊與地圖——臺灣新詩風潮簡史	向陽	向陽工坊	2002 年 10 月	論述
07	浮世星空新故鄉——臺灣文學傳播議題析論	向陽	三民書局	2004 年 1 月	論述
08	銀杏的仰望——向陽詩集	向陽	故鄉文化	1977 年 4 月	詩
09	種籽	向陽	東大圖書	1980 年 4 月	詩
10	十行集	向陽	九歌出版社	1984 年 7 月	詩
11	歲月	向陽	大地出版社	1985 年 6 月	詩
12	向陽方言詩集——土地的歌	向陽	自立晚報社	1985 年 8 月	詩
13	My Cares——心事	向陽	漢藝色研文化	1985 年 8 月	詩
14	四季	向陽	漢藝色研文化	1986 年 12 月	詩
15	心事——向陽情詩集	向陽	漢藝色研文化	1987 年 9 月	詩
16	在寬闊的土地上	向陽	人民文學	1993 年 7 月	詩
17	向陽詩選（一九七四～一九九六）	向陽	洪範書店	1999 年 8 月	詩
18	向陽臺語詩選	向陽	真平企業	2002 年 1 月	詩
19	亂	向陽	印刻出版社	2005 年 7 月	詩
20	流浪樹——向陽散文集	向陽	德馨室出版社	1978 年 5 月	散文
21	在雨中航行	向陽	蘭亭書店	1982 年 4 月	散文
22	臺灣民俗圖繪	向陽	洛城出版社	1986 年 9 月	散文
23	世界靜寂下來的時候	向陽	漢藝色研文化	1988 年 4 月	散文
24	一個年輕爸爸的心事	向陽	漢藝色研文化	1988 年 12 月	散文

25	暗中流動的符碼	向陽	九歌出版社	1999 年 8 月	散文
26	日與月相推	向陽	聯合文學	2001 年 3 月	散文
27	跨世紀傾斜	向陽	聯合文學	2001 年 3 月	散文
28	月光冷冷地流過	向陽	華成圖書	2002 年 10 月	散文
29	安住亂世	向陽	聯合文學	2003 年 9 月	散文
30	臺灣的故事（歷史新寫）	向陽	群策會	2004 年 12 月	散文
31	我們其實不需要住所	向陽	聯合文學	2004 年 12 月	散文
32	寫字年代——臺灣作家手稿故事	向陽	九歌出版社	2013 年	散文
33	臉書帖	向陽	聯合文學	2014 年	散文
34	中國神話故事	向陽	九歌出版社	1983 年 8 月	兒童文學
35	中國寓言故事	向陽	九歌出版社	1986 年 2 月	兒童文學
36	鏡內底的囝仔	向陽	新學友書局	1996 年 9 月	兒童文學
37	我的夢夢見我在夢中作	向陽	三民書局	1997 年 4 月	兒童文學
38	春天的短歌	向陽	三民書局	2002 年 2 月	兒童文學

四十八、作家：劉依萍

性別：女

籍貫：江蘇

出生地：臺灣基隆

出生日期：1956 年 2 月 14 日

學經歷：輔仁大學中文系畢業。曾任《張老師月刊》、《家庭與婦女》等雜誌編輯、《婦友月刊》、《美食世界》總編輯、《華航雜誌》副總編輯、任職於泛拉丁國際貿易公司。

文學風格：劉依萍的創作文類有小說、散文。文字簡潔明快，描寫細緻，擅長刻畫人的心理活動。題材則以探討現代各個層面的女性為主，重新思索兩性關係。

編　號	篇　名	作　者	出版者	出版日期	作品類別
01	親密顧問	劉依萍	希代書版	1990 年 9 月	散文
02	貼心顧問	劉依萍	希代書版	1990 年 11 月	散文
03	自由主張	劉依萍	皇冠出版社	1991 年 1 月	散文
04	咖啡杯裡的花戒指	劉依萍	漢光文化	1992 年 4 月	散文

05	太陽不下山	劉依萍	五千年出版社	1986 年 4 月	小說
06	3 個離婚的女人	劉依萍	希代書版	1990 年 2 月	小說
07	愛情神話	劉依萍	希代書版	1990 年 8 月	小說

四十九、作家：林佩芬

性別：女

籍貫：浙江鄞縣

出生地：臺灣基隆

出生日期：1956 年 4 月 12 日

學經歷：東吳大學中文系肄業。曾任《書評書目》編輯、中華民國歷史文學學會祕書長。

文學風格：林佩芬創作文類以小說為主，另有論述、散文及兒童文學。小說作品擅長刻畫人物的心理變化，文字曲折含蓄，展示清潤纖柔的風格。八○年代開始致力於長篇歷史小說的寫作，其中又以寫作明清背景的小說為代表。為求得「文史哲」合一的寫作境界，著力於蒐羅史料及歷史書籍的龐大工程，在紮實的歷史考據中，再融合純熟的現代小說技巧，深刻的揣摩、想像、分析、歸納，成功的把人物突出於歷史的冊帙中，是近代歷史小說界的奇葩。

文學成就：獲中興文藝獎章歷史小說獎。

編號	篇　名	作　者	出版者	出版日期	作品類別
01	紅牋小記	林佩芬	學英文化	1984 年 5 月	論述
02	繁花過眼	林佩芬	海飛麗出版社	1994 年 1 月	散文
03	長城外面是故鄉	林佩芬	幼獅文化	1995 年 7 月	散文
04	一九七八年春	林佩芬	爾雅出版社	1978 年 12 月	小說
05	聲聲慢	林佩芬	臺灣新生報社出版部	1981 年 4 月	小說
06	洞仙歌	林佩芬	采風出版社	1982 年 2 月	小說
07	炎黃世冑	林佩芬	自立晚報社文化出版部	1983 年 4 月	小說
08	第四樂章	林佩芬	學英文化	1985 年 5 月	小說
09	天女散花——民國詩僧蘇曼殊傳	林佩芬	時報文化	1986 年 6 月	小說
10	雁字回時	林佩芬	光復書局	1987 年 4 月	小說
11	都市叢林股票族	林佩芬	希代書版	1989 年 8 月	小說

12	臺北風情	林佩芬	希代書版	1990 年 2 月	小說
13	唱一首無言的歌	林佩芬	開拓出版社	1990 年 3 月	小說
14	一生情一生還	林佩芬	希代書版	1991 年 7 月	小說
15	帝女幽魂	林佩芬	派色文化出版社	1991 年 8 月	小說
16	努爾哈赤	林佩芬	遠流出版社	1992 年 9 月	小說
17	遼宮春秋	林佩芬	遠流出版社	1993 年 5 月	小說
18	天問——小說明末	林佩芬	遠流出版社	1995 年 2 月	小說
19	兩朝天子	林佩芬	遠流出版社	1997 年 11 月	小說
20	西遷之歌	林佩芬	時報文化	1995 年 8 月	兒童文學

五十、作家：林建隆

性別：男

籍貫：臺灣基隆

出生日期：1956 年 9 月 25 日

學經歷：是基隆月眉山礦工之子。從小立志成為詩人，十八歲時開設賭場，二十三歲那年因殺人未遂入獄。肉體在遭受巨大折磨時，心靈卻開始昂揚，他思考自我的存在，並努力尋找未來的人生方向。坐監期間在獄中宏德補校就讀，並尋求報考大學的機會。三年後假釋，被遣返警備總部繼續管訓。

東吳大學英美文學系畢業、美國紐約州立大學英美文學碩士、美國密西根州立大學英美文學博士，曾任東吳大學英文系教授。

文學風格：林建隆的創作文類以詩和小說為主。提倡現代中文俳句的寫作。其詩作語言簡潔清明，以並置的手法製造出對比的張力。小說以細膩的筆法、壯闊的情節，刻畫出生命的印記，簡潔的描述，留給讀者無盡的想像空間。在內容上，舉凡自然生態、社會議題、人倫親情，都是他關注的議題，也讓讀者從中窺見人性的深度。小說《流氓教授》為自身曲折傳奇的故事，內容精采感人，榮登金石堂暢銷書排行榜第一名，同年改編的電視連續劇獲臺灣收視總冠軍。

文學成就：獲陳秀喜詩獎，Bishop T. Otto Nall 文學創作獎、美國休斯頓國際影展白金首獎等獎項。

編號	篇　名	作　者	出版者	出版日期	作品類別
01	林建隆詩集	林建隆	前衛出版社	1995 年 10 月	詩
02	菅芒花的春天歌詩集	林建隆	草根出版社	1997 年 6 月	詩
03	林建隆俳句集	林建隆	前衛出版社	1997 年 12 月	詩
04	生活俳句	林建隆	探索文化	1998 年 11 月	詩
05	鐵窗的眼睛	林建隆	月旦出版社	1999 年 5 月	詩
06	動物新世紀	林建隆	關懷生命協會	1999 年 6 月	詩
07	流氓教授	林建隆	平安文化	2000 年 3 月	小說
08	玫瑰日記	林建隆	皇冠文化	2001 年 5 月	詩
09	刺歸少年	林建隆	皇冠文化	2001 年 7 月	小說
10	叛逆之舞——林建隆詩傳	林建隆	華成圖書	2002 年 11 月	詩
11	孤兒阿鐵	林建隆	皇冠文化	2003 年 3 月	小說
12	藍水印	林建隆	皇冠文化	2004 年 6 月	詩

五十一、作家：楊國明

筆名：揚歌、守凡、林揚、林鞀

性別：男

籍貫：臺灣基隆

出生日期：1956 年 6 月 10 日

學經歷：臺灣師範大學英語系畢業，東吳大學法律專業碩士班肄業。曾任基隆信義國中、師大附中教師，現已退休。

文學風格：楊國明的創作文類有散文和兒童文學，以通順流暢的筆，寫下社會現象帶給青少年的影響，字裡行間都是作者內斂不失感性的真情關懷，題材多為親子之情或師生情誼。此外，譯寫多本知識性和趣味性兼具的故事書。

文學成就：獲民生報兒童天地專欄海王星獎、教育部中小學教師研究著作類入選獎等獎項。

編　號	篇　名	作　者	出版者	出版日期	作品類別
01	一生能有幾次選擇	楊國明	中華日報社	1990 年 7 月	散文
02	心中的信用卡	楊國明	健行文化	2000 年 11 月	散文
03	狐狸在秋天戀愛了——繞口令‧學英文	楊國明	民生報社	2002 年 4 月	散文
04	課堂外的第一名	楊國明	健行文化	2002 年 4 月	散文

05	最後的那一堂課	楊國明	健行文化	2005 年 11 月	散文
06	無心之言	楊國明	光復書局	1989 年 12 月	兒童文學
07	小兄妹	楊國明	光復書局	1990 年 1 月	兒童文學
08	小紅帽	楊國明	光復書局	1990 年 1 月	兒童文學
09	拇指姑娘	楊國明	光復書局	1990 年 1 月	兒童文學
10	金翅鳥	楊國明	光復書局	1990 年 1 月	兒童文學
11	烤箱裡的小狗	楊國明	富春文化	1992 年 7 月	兒童文學
12	兩隻老虎變小蜜蜂	楊國明	富春文化	1998 年 8 月	兒童文學
13	騎星期四去德州	楊國明	民生報社	2001 年 4 月	兒童文學
14	大象鯨魚從天降	楊國明	民生報社	2001 年 4 月	兒童文學
15	ABC 人和劍人	楊國明	民生報社	2001 年 7 月	兒童文學
16	四月一日魚人節	楊國明	民生報社	2001 年 7 月	兒童文學
17	我的名字叫 younger——英語文化面面觀	楊國明	民生報社	2002 年 2 月	兒童文學

五十二、作家：劉黎兒

筆名：黎婉

性別：女

籍貫：臺灣基隆

出生日期：1956 年

學經歷：臺灣大學歷史系畢業。曾任《工商時報》、《中國時報》記者、《中國時報》東京支局長、日本《RADIO 短波》世界經濟節目評論員、《東洋經濟》雜誌作家、香港《九十年代》主筆等職，曾旅居日本，專事寫作。

文學風格：旅日作家、專欄作家，作品以兩性關係、職場文化及日本政經社會議題、文學評論等為主。劉黎兒創作文類包括散文、小說、報導文學。由於旅居東京多年，對都市之男女關係、物質文明、品味哲學有獨到見解，鋪排大量的消費、文史知識，而以犀利通透之筆調為讀者揭露熟豔城市中的層層面向，亦常以平淡悠然之語氣，刺擊兩性關係中的矛盾與痛點，可見對浮華人生之希求與洞悉。小說擅長以明晰的敘事以及細緻的取材，從人物習藝爭鋒過程中，納入人生思考哲理。報導文學則以日本阪神地震經驗與臺灣九二一地震相互對照，針對震災各層面的現象，提供全方位的防震觀念與經驗對照，兼具實用與深度。

編　號	篇　名	作　者	出版者	出版日期	作品類別
01	超越地震——地動天搖三部曲	劉黎兒	時報文化	1999 年 12 月	報導文學
02	東京‧風情‧男女	劉黎兒	麥田出版社	2000 年 2 月	散文
03	東京‧愛情‧物語	劉黎兒	麥田出版社	2000 年 7 月	散文
04	愛	劉黎兒	新新聞文化	2000 年 8 月	散文
05	黎兒流	劉黎兒	新新聞文化	2001 年 7 月	散文
06	新種美女	劉黎兒	時報文化	2002 年 1 月	散文
07	東京‧迷絲‧迷思——黎兒的日本情思	劉黎兒	麥田出版社	2002 年 1 月	散文
08	東京　情色手冊	劉黎兒	新新聞文化	2002 年 2 月	散文
09	純愛大吟釀	劉黎兒	新新聞文化	2002 年 4 月	散文
10	新美女主義	劉黎兒	時報文化	2002 年 8 月	散文
11	好色時代——黎兒的慾望東京	劉黎兒	麥田出版社	2002 年 10 月	散文
12	醉心日記 I‧幸福 Café	劉黎兒	新新聞文化	2002 年 12 月	散文
13	黎兒遊——邂逅深層日本	劉黎兒	皇冠出版社	2003 年 4 月	散文
14	新種男人	劉黎兒	時報文化	2003 年 6 月	散文
15	黎兒純愛俱樂部：上班族優先入場	劉黎兒	方智出版社	2003 年 9 月	散文
16	女人 25 後	劉黎兒	方智出版社	2004 年 2 月	散文
17	東京愛物語	劉黎兒	時報文化	2004 年 4 月	散文
18	男女不完美主義	劉黎兒	時報文化	2004 年 9 月	散文
19	換個姿勢愛	劉黎兒	方智出版社	2004 年 11 月	散文
20	東京滿喫俱樂部	劉黎兒	時報文化	2005 年 5 月	散文
21	棋神物語	劉黎兒	商周出版社	2005 年 7 月	小說
22	大劈腿	劉黎兒	時報文化	2006 年 4 月	散文
23	大分手	劉黎兒	時報文化	2006 年 7 月	散文
24	女人 30 後	劉黎兒	方智出版社	2006 年 11 月	散文
25	大不婚	劉黎兒	時報文化	2007 年 3 月	散文
26	結了婚還想戀愛	劉黎兒	時報文化	2009 年	散文
27	職場男女求生術	劉黎兒	時報文化	2010 年	散文
28	日本現在進行式	劉黎兒	時報文化	2011 年	散文
29	臺灣必須廢核的 10 個理由	劉黎兒	先覺出版社	2011 年	散文

30	歡迎光臨性愛百貨店	劉黎兒	時報文化	2015 年	散文
31	私藏東京：美學、巷弄、名景、美食的日本品遊散策	劉黎兒	麥浩斯資訊	2016 年	遊記
32	日本職場奇譚集	劉黎兒	凱特文化	2016 年	散文

五十三、作家：方梓

本名：林麗貞

性別：女

籍貫：臺灣花蓮

出生日期：1957 年 2 月 9 日

居住地：基隆

學經歷：中國文化學院大眾傳播系畢業，東華大學創作與英語文學所碩士。曾任《消費者雜誌》總編輯、文化總會學術組企畫、巨龍文化公司副總編輯、《自由時報》副刊副主編、靜宜大學臺文系、世新大學共同科目講師、總統府專門委員。現為國立臺北教育大學的講師。

文學風格：方梓創作文類以散文為主，兼及傳記與報導文學、兒童文學等文類。散文透過輕盈活潑的筆調，捕捉土地與人之間溫潤晶瑩的情感，題材有鄉野人物的傳奇、童年往事的回憶述寫，或以短小的篇帙書寫自我對人事的觀感。另著重於女性主義的書寫，並記錄臺灣女性的生命史。近作則跨入「飲食書寫」的範疇，表面上敘寫種種蔬菜飲饌，卻借物象寫人情物意之美，擅用譬喻且頗富哲思，顏崑陽以「有情有味有識有理」稱之。

文學成就：獲 2013 年吳濁流小說正獎，並改編客家電視臺連續劇《新丁花開》。

編　號	篇　　名	作　者	出版者	出版日期	作品類別
01	第四個房間	方梓	健行文化	1999 年 3 月	散文
02	采采卷耳	方梓	麥田出版社	2001 年 3 月	散文
03	他們為甚麼成功	方梓	健行文化	1994 年 2 月	報導文學
04	傑出女性宗教觀	方梓	巨龍文化	1994 年 10 月	報導文學
05	永遠的挑戰	方梓	東潤出版社	1995 年 8 月	報導文學
06	大野狼阿公	方梓	三民書局	2002 年 2 月	兒童文學
07	要勇敢喔！——第一次上幼稚園	方梓	三民書局	2005 年 3 月	兒童文學

五十四、作家：朱振藩

性別：男

籍貫：江蘇靖江

出生地：臺灣基隆

出生日期：1957 年 6 月 27 日

學經歷：輔仁大學法律系畢業。曾任法務部調查局調查員。

文學風格：朱振藩創作文類以散文為主。以飲食文學為主，號稱餐桌上的食神，其由個人經驗出發，描述自身品嚐美饌之經歷，作品除介紹食材與烹飪手法之外，更能細數其淵源掌故，將之延伸種種歷史故事與來歷，進而寓人情世理於其中。此外朱振藩亦旁及命相風水之道，除為文撰書之外，並曾開班授課。

編號	篇　名	作　者	出版者	出版日期	作品類別
01	看透客戶——即擒且拿的觀人術	朱振藩	耶魯國際文化	1994 年 1 月	散文
02	臺灣美食通	朱振藩	圓神出版社	1995 年 12 月	散文
03	口無遮攔，吃遍臺灣美食導覽	朱振藩	商周文化	1996 年 6 月	散文
04	美食家菜單	朱振藩	時報文化	1999 年 5 月	散文
05	醉愛——品味收藏中國美酒的唯一選擇	朱振藩	商智文化	1999 年 5 月	散文
06	捷運美食中和線	朱振藩	商智文化	1999 年 7 月	散文
07	捷運美食淡水線	朱振藩	商智文化	1999 年 7 月	散文
08	捷運美食木柵線	朱振藩	商智文化	1999 年 8 月	散文
09	港澳	朱振藩	TOGO 生活情報網路	2000 年 7 月	散文
10	上海	朱振藩	TOGO 生活情報網路	2001 年 2 月	散文
11	看風水	朱振藩	時報文化	2001 年 3 月	散文
12	食林遊俠傳	朱振藩	麥田出版社	2001 年 4 月	散文
13	笑傲食林	朱振藩	麥田出版社	2001 年 9 月	散文
14	真相大白	朱振藩	麥田出版社	2002 年 4 月	散文
15	食林外史	朱振藩	麥田出版社	2002 年 11 月	散文
16	食的故事	朱振藩	岳麓書社	2003 年 1 月	散文

17	提味	朱振藩	麥田出版社	2003 年 5 月	散文
18	提味珍菜帖	朱振藩	麥田出版社	2003 年 6 月	散文
19	食味萬千	朱振藩	麥田出版社	2004 年 9 月	散文
20	食在凡間	朱振藩	聯合文學	2005 年 5 月	散文
21	食髓知味	朱振藩	麥田出版社	2005 年 6 月	散文
22	食家列傳	朱振藩	聯合文學	2005 年 8 月	散文
23	痴酒——頂級中國酒品鑑	朱振藩	麥田出版社	2006 年 6 月	散文
24	看，他就是奧客——從面相認清客戶九要訣	朱振藩	聯合文學	2006 年 12 月	散文

五十五、作家：王學敏

筆名：奇恩、尋真

性別：女

籍貫：河南新鄉

出生地：臺灣基隆

出生日期：1958 年 1 月 9 日

學經歷：實踐家專家政科畢業。曾任廣告公司創意總監、華航企畫處廣告科科長、科技公司營運總監、建設公司副總經理、創造力國際公司顧問，現專事寫作。

文學風格：王學敏創作文類包括詩及散文。詩風溫雅動人，擅長以淺顯文字描摹人際情感，用簡單的意象，傳遞生活點滴的感動。

編　號	篇　名	作　者	出版者	出版日期	作品類別
01	敢愛敢恨	王學敏	宇喬出版社	1995 年 2 月	詩
02	情痴子	王學敏	躍昇文化	1998 年 1 月	散文
03	生活纏	王學敏	漢藝色研文化	2002 年 12 月	詩

五十六、作家：盧非易

性別：男

籍貫：福建福鼎

出生地：臺灣基隆

出生日期：1959 年 11 月 24 日

學經歷：臺灣大學圖書館系畢業，美國南加州大學電影電視學院藝術碩士。曾任電視節目編導、製作人、《聯合報》《中國時報》《中時晚報》專欄評述、政治大學廣播電視學系副教授。

文學風格：盧非易創作文類包括論述、散文和小說。論述作品文字與電影作結合，論點精闢，把讀者放在特定的歷史情境中，逐漸拉高鏡頭，壯闊勁烈又兼具優雅華麗。陳世敏教授曾說「盧教授寫出了臺灣電影的紅樓夢」。小說方面題材具時代性，語言詼諧天真，故事悲劇感甚強，對情的渲染至為深切。飲食散文，描寫細膩，頗受好評。

文學成就：多次獲時報文學獎、聯合報文學獎。

編　號	篇　名	作　者	出版者	出版日期	作品類別
01	有線（限）電視無線（限）電視文化	盧非易	幼獅文化	1995 年 10 月	論述
02	臺灣電影——政治、經濟、美學	盧非易	時英出版社	1997 年 3 月	論述
03	飲食男	盧非易	聯合文學	1996 年 6 月	散文
04	日光男孩	盧非易	三三書坊	1984 年 11 月	小說
05	Island On The Edge—Taiwan New Cinema & after	盧非易	香港	2005 年 12 月	論述

五十七、作家：陳稼莉

性別：女

籍貫：南京市

出生地：臺灣基隆

出生日期：1961 年 1 月 27 日

學經歷：東吳大學中文系畢業。曾任雜誌社編輯、貿易公司祕書、《國語日報》桃園分社語文中心教師、桃園育達高中國文教師。

文學風格：陳稼莉的創作文類以小說為主。題材相當廣泛，自母子親情、老人暮年心理、異國遊子的辛酸血淚，以至對目前社會亂象的批判，皆有其個人的見解。

文學成就：獲雙溪文學獎、教育部「青年劇展」金鼎獎、全國學生文學獎、東南文學獎等獎項。

編　號	篇　　名	作　者	出版者	出版日期	作品類別
01	遭遇	陳稼莉	希代書版	1987年2月	小說
02	在夢的邊境	陳稼莉	希代書版	1988年6月	小說

五十八、作家：王正國

筆名：王樵、王渝、岑龍、葉璇、顧雲

性別：男

籍貫：浙江定海

出生地：臺灣基隆

出生日期：1961年2月25日

學經歷：東山高中畢業，美國西太平洋大學文學創作系博士研究。曾為澳洲華文作家協會昆士蘭省分會會員，現旅居澳洲，專事寫作。

文學風格：王正國創作文類以小說為主。多以不同筆名發表，藉此形式舖陳出臺灣社會的種種異象，對於午夜牛郎、同性戀者的多重面貌與情感傾向亦有深入的描述。

編　號	篇　　名	作　者	出版者	出版日期	作品類別
01	夜愛	王正國	號角出版社	1995年3月	小說
02	慾火	王正國	劇場出版社	1997年3月	小說
03	禁愛	王正國	號角出版社	1995年1月	小說
04	起ㄒㄧㄠˇ	王正國	劇場出版社	1997年5月	小說

五十九、作家：郭智德

性別：男

籍貫：臺灣基隆

出生日期：1962年

學經歷：中國文化大學新聞系畢業。曾任報社記者、出版社編輯、「風格工作室」文案總監、《基隆青年》主編。現專事寫作。

文學風格：郭智德創作文類以散文為主。筆調浪漫綿密，然兼具論理的清晰，對於人際交往與情誼之間抱持高度的信任，藉由文章來化解人與人間的齟齬裂縫，藉由對世界及自我的種種質疑和執著，以誠懇真實的筆觸逐一紀錄，試圖表現生命的尊嚴，真切體認到自我存在的價值。

文學成就：獲文藝金像獎、青溪文藝獎。

編　號	篇　名	作　者	出版者	出版日期	作品類別
01	生活極短篇	郭智德	世茂出版社	1988 年 1 月	散文
02	來唱一首歌	郭智德	世茂出版社	1988 年 4 月	散文
03	生活‧智慧‧愛	郭智德	名世出版社	1988 年 7 月	散文
04	青春‧青春	郭智德	駿馬文化	1989 年 1 月	散文
05	印象生活	郭智德	駿馬文化	1989 年 4 月	散文
06	新鮮話題	郭智德	駿馬文化	1989 年 8 月	散文
07	我的心不打烊	郭智德	漢清出版社	1990 年 1 月	散文
08	心情寫真	郭智德	漢清出版社	1991 年 1 月	散文

六十、作家：劉洪順

筆名：波赫

性別：男

籍貫：湖南來陽

出生地：臺灣基隆

出生日期：1962 年 1 月 21 日

學經歷：中國文化大學中文系畢業。曾任雜誌社編輯、教師、傳播公司企畫、《中國時報》人間副刊編輯、藍瓶子文化公司副總編輯、石頭出版社文學主編、耕莘文教院廚房寫作班導師、靈鷲山《般若季刊》總編。現專事寫作。

文學風格：劉洪順的創作文類以詩、散文為主，兼及小說。他以敏銳的觀察，透過關愛的角度，捕捉現代社會的各種剪影，作品常流露悲涼的情調與氣氛，深刻而雋永。他的詩題材自童話到生活、社會剪影，張默曾評其詩「一抹流動、幽邈的遠古，以及綻放著一份悲涼而又熾熱的人間之愛。」

文學成就：獲第一屆生態文學暨報導獎新詩首獎、乾坤詩獎。

編　號	篇　名	作　者	出版者	出版日期	作品類別
01	古相思曲	劉洪順	漢藝色研文化	1990 年 9 月	詩
02	月亮上的獨角獸	劉洪順	石頭出版社	1992 年	散文
03	未發表的童話	劉洪順	石頭出版社	1992 年	散文
04	愛情辭典	劉洪順	探索文化	1998 年 2 月	散文

編號	篇　名	作者	出版者	出版日期	作品類別
05	活得有感覺	劉洪順	藍瓶子文化	1999 年 5 月	散文
06	月光旅書	劉洪順	藍瓶子文化	1999 年 6 月	散文
07	心情溫泉	劉洪順	博揚文化	1999 年 11 月	散文
08	愛情向右轉	劉洪順	華文網	2001 年 2 月	散文
09	逃婚俱樂部	劉洪順	花田文化	1996 年 5 月	小說

六十一、作家：安克強

性別：男

籍貫：山東海陽

出生地：臺灣基隆

出生日期：1963 年 10 月 22 日

學經歷：臺灣大學中文系畢業。曾任唱片公司文案設計、歌詞創作、《中央日報》副刊編輯、《時報周刊》編輯、《GQ 瀟灑雜誌》總編輯、《Esquire 君子雜誌》總編輯。

文學風格：安克強創作文類以小說為主，兼及散文與報導文學。安克強的小說雜揉著理性與浪漫、群眾與個人之間的矛盾與衝突，注重氣氛的營造和時空的壓縮，舉凡對於自然、人類、大地、國家的大愛，到男女之間的私情，皆加以探索。

文學成就：獲 1989 年歌詞創作金鼎獎、中央日報文學獎。

編號	篇　名	作　者	出版者	出版日期	作品類別
01	我看見	安克強	皇冠文學	1992 年 4 月	散文
02	我戀你依然如昔	安克強	希代書版	1989 年 1 月	小說
03	你走後的天空很藍	安克強	希代書版	1990 年 1 月	小說
04	玫瑰花枯死了	安克強	皇冠文化	1991 年 1 月	小說
05	夢走過的地方	安克強	希代書版	1991 年 2 月	小說
06	阮玲玉	安克強	皇冠文化	1991 年 11 月	小說
07	你知道愛的是怎樣的我嗎？	安克強	希代書版	1993 年 6 月	小說
08	我的美麗與哀愁	安克強	皇冠文化	1994 年 12 月	小說
09	第三者	安克強	熱愛出版社	1997 年 12 月	小說
10	紅太陽下的黑靈魂——大陸同性戀現場報導	安克強	時報文化	1995 年 5 月	報導文學

六十二、作家：陳輝龍

性別：男

籍貫：北京市

出生地：臺灣基隆

出生日期：1963 年 2 月 20 日

學經歷：專科畢業。曾任《戶外生活》《漢聲》《我們的》雜誌美編與攝影、《中國時報》文化組、《自立晚報》新象版主編、自立報系美術主編、敦煌藝術中心藝術顧問、倉頡工房藝術總監、年代影視公司企畫部經理及創意總監、樸實總合公司創意總監，曾主持陳輝龍動腦工廠、兼任合森文化公司及太古踏舞團美術顧問。

文學風格：陳輝龍創作文類以散文及小說為主。擁有多媒體的創作能力，並且蓄意地「把自己的歷史看成社會的歷史」，是陳輝龍的特色。蔣勳說陳輝龍是「奇異的復古鄉愁與現代感的混合」，施淑曾評論其小說「從形式設計到內容表現，都可以看出他的藝術實驗與企圖，而在這企圖之下，則讓人感覺到作者對現代人及現代生活所謂的『多元』性質的反思和批判」。

編號	篇　名	作　者	出版者	出版日期	作品類別
01	彼昔景相	陳輝龍	合森文化	1989 年 5 月	散文
02	摩登原始人	陳輝龍	大眾讀物	1992 年 3 月	散文
03	規矩游街幫	陳輝龍	大眾讀物	1992 年 3 月	散文
04	照相簿子	陳輝龍	東潤出版社	1992 年 7 月	散文
05	今天天氣晴朗	陳輝龍	皇冠出版社	1996 年 10 月	散文
06	心事百貨公司	陳輝龍	時報文化	1998 年 11 月	散文
07	單人翹翹板	陳輝龍	爾雅出版社	1988 年 7 月	小說
08	情緒化的情節	陳輝龍	圓神出版社	1989 年 10 月	小說
09	不婚夫婦愛戀事情	陳輝龍	圓神出版社	1990 年 11 月	小說
10	那些人，那些事，那些事，那些季節──21 篇心事型長短不同的小說	陳輝龍	時報文化	1993 年 1 月	小說
11	寫給 C	陳輝龍	時報文化	1993 年 4 月	小說
12	每次三片	陳輝龍	時報文化	1993 年 7 月	小說
13	南方旅館	陳輝龍	時報文化	1994 年 1 月	小說
14	雨中的咖啡館	陳輝龍	平安文化	1995 年 5 月	小說

六十三、作家：滿濟法師

性別：女

出生地：臺灣基隆

出生日期：1963 年

學經歷：佛光山臺北女子佛學院畢業。曾任《普門雜誌》《佛光通訊》編輯、佛光出版社總編輯、佛光山書記室書記長、《人間福報》論壇版主筆、覺世副刊主編及國際佛光會資訊中心副主任。

文學風格：滿濟法師創作文類包括散文與小說。散文寫其人生體悟與生活偶拾，藉佛學思考為引化疑解難。小說則以不同形式與筆法，詮釋歷代得道高僧，不一昧神化其人，而強調高僧之凡人一面，藉由筆下主角徬徨與追尋過程，近而思索心靈昇華之道。

編號	篇　名	作　者	出版者	出版日期	作品類別
1	中國佛教經典寶藏白話版(一百三十二冊)	佛光山宗務委員會（滿濟法師）	佛光出版社	2000 年	宗教論疏
2	穿梭時空與大師交會	滿濟法師	香海文化	2002 年 10 月	小說
3	心靈清泉	滿濟法師	圓神出版社	2003 年 8 月	散文
4	小王子流浪記	滿濟法師	爾雅出版社	2004 年 7 月	小說
5	極樂世界的地址	滿濟法師	香海文化	2005 年 7 月	散文

六十四、作家：鄭麗娥

筆名：鄭栗兒、夏之光

性別：女

籍貫：臺灣基隆

出生日期：1963 年 5 月 13 日

學經歷：中興大學合作經濟系畢業。曾任錦繡文化出版公司編輯與企畫主編、人類文化出版公司主編、華威葛瑞廣告公司文案及太平洋太聯廣告公司文案指導、時報文化出版公司文學主編、聯合文學執行副總編、《自由時報》副刊專欄作家。現為自由創作者。

文學風格：鄭麗娥創作文類有詩、散文、小說和兒童文學。題材豐富多元，對生命本質與心靈悸動的描繪尤為著重，並旁徵博引，希望讀者透過閱讀思索人生。其文字簡潔有力，在綿密的敘述間，自成段落，像是電影裡插入一個短鏡頭，具效果又耐人尋味。曾於網路上連載的《夢見》，是帶有禪

意的武俠小說。

文學成就：獲時報廣告金像獎、主編金鼎獎、中小學優良讀物推薦。

編　號	篇　　名	作　者	出版者	出版日期	作品類別
01	我是懶的	鄭麗娥	躍昇文化	1990 年 7 月	散文
02	閣樓小壁虎	鄭麗娥	漢藝色研文化	1991 年 2 月	散文
03	被月亮鉤掉的翅膀	鄭麗娥	漢藝色研文化	1991 年 2 月	散文
04	癩蛤蟆王國	鄭麗娥	漢藝色研文化	1991 年 4 月	散文
05	在海洋城市	鄭麗娥	漢藝色研文化	1991 年 6 月	散文
06	秋天裡的愛情	鄭麗娥	漢藝色研文化	1991 年 12 月	散文
07	尋找星星小鎮	鄭麗娥	時報文化	1993 年 8 月	小說
08	囝仔國	鄭麗娥	漢藝色研文化	1994 年 2 月	散文
09	草原上的打雷聲	鄭麗娥	皇冠文化	1994 年 5 月	兒童文學
10	澡堂女人	鄭麗娥	時報文化	1994 年 7 月	小說
11	三種風情	鄭麗娥	時報文化	1996 年 2 月	散文
12	宇宙流浪人	鄭麗娥	三久出版社	1997 年 1 月	小說
13	遇見過去的風箏	鄭麗娥	三久出版社	1997 年 5 月	小說
14	重返星星海濱	鄭麗娥	時報文化	1998 年 9 月	小說
15	再見小壁虎	鄭麗娥	漢藝色研文化	2000 年 6 月	散文
16	愛的小壁虎	鄭麗娥	漢藝色研文化	2000 年 11 月	散文
17	紐約倉庫小島	鄭麗娥	麥田出版社	2001 年 2 月	小說
18	日光城市·雪之領域	鄭麗娥	馬可孛羅文化	2001 年 5 月	散文
19	星星小鎮	鄭麗娥	麥田出版社	2001 年 5 月	小說
20	臺灣離島與燈塔	鄭麗娥	晨星出版社	2001 年 8 月	散文
21	火車上的簡單邂逅	鄭麗娥	麥田出版社	2002 年 2 月	小說
22	放自己一馬	鄭麗娥	麥田出版社	2002 年 7 月	散文
23	很熱的旅行	鄭麗娥	聯合文學	2003 年 11 月	散文
24	最壞的時光	鄭麗娥	正中書局	2005 年 7 月	小說
25	大師密碼 A	鄭麗娥	法鼓文化	2006 年 5 月	兒童文學
26	大師密碼 B	鄭麗娥	法鼓文化	2006 年 5 月	兒童文學
27	大師密碼 C	鄭麗娥	法鼓文化	2006 年 7 月	兒童文學
28	大師密碼 D	鄭麗娥	法鼓文化	2006 年 7 月	兒童文學

29	大師密碼E	鄭麗娥	法鼓文化	2006年9月	兒童文學
30	大師密碼F	鄭麗娥	法鼓文化	2006年9月	兒童文學
31	大師密碼G—— 大富翁的心願	鄭麗娥	法鼓文化	2006年11月	兒童文學
32	大師密碼H—— 誰家的小孩這麼皮	鄭麗娥	法鼓文化	2006年11月	兒童文學
34	大師密碼I—— 誰比較聰明	鄭麗娥	法鼓文化	2007年1月	兒童文學
35	大師密碼J—— 神奇大布袋	鄭麗娥	法鼓文化	2007年1月	兒童文學

六十五、作家：簡美玲

筆名：簡玲

性別：女

籍貫：臺灣基隆

出生地：臺灣基隆

出生日期：1963年

學經歷：臺東大學兒童文學研究所碩士，自幼即對閱讀及寫作產生濃厚興趣，1988年參加師大寫作研習班，接受陳郁夫老師指導，開始小說創作，作品散見各報章雜誌。曾任教職與兒童舞團文思編創，推廣閱讀教學與活動。

文學風格：簡美玲的創作文類以小說、詩為主。新詩語言較特別，自成一格，詩中有很多用喻和轉折，小說書寫關於土地裡小人物的故事，對命運與生活控訴，在平凡中見真性情。

文學成就：獲文建會小說獎、葉紅女性詩獎、臺灣詩學散文詩獎。

編　號	篇　名	作　者	出版者	出版日期	作品類別
01	歸來	簡美玲	基隆市文化	1993年6月	小說
02	黑店	簡美玲	基隆市文化	2002年8月	小說
03	我殺了一隻長頸鹿	簡美玲	秀威資訊科技	2019年12月	詩

六十六、作家：宇文正

本名：鄭瑜雯

性別：女

籍貫：福建林森

出生地：臺灣基隆

出生日期：1964 年 7 月 16 日

學經歷：東海大學中文系畢業，美國南加州大學東亞語言與文化所碩士。曾任《風尚》雜誌主編、《中國時報》文化版記者、漢光文化公司編輯部主任、「明日工作室」編輯、《聯合報》副刊主編、主持電臺民族樂風節目。

文學風格：宇文正的創作文類以小說、散文為主。小說擅長書寫都會男女的愛情，散文則表現出女性特有的細膩筆觸。陳芳明在臺灣新文學史中書評：「她的文筆非常乾淨利落，不拖泥帶水，不突發奇想，敘事節奏帶著一股淡淡哀愁的氣味。都市裡的每一個空間，就是一則短篇小說；所有的空間銜接起來時，正好可以構成一部長篇小說。每一個故事，既是開端，也是尾端；每一個危機，每一個桃戰，在她筆下都可以形塑成一則迷人的小說。」

文學成就：獲中國文藝協會文藝獎章。

編號	篇　名	作　者	出版者	出版日期	作品類別
01	貓的年代	宇文正	遠流出版社	1995 年 10 月	小說
02	臺北下雪了	宇文正	遠流出版社	1997 年 3 月	小說
03	在月光下飛翔	宇文正	大地出版社	2000 年 2 月	小說
04	這是誰家的孩子？——養小孩可以是一種享受	宇文正	經典傳訊文化	2001 年 11 月	散文
05	幽室裡的愛情	宇文正	九歌出版社	2002 年 5 月	小說
06	顛倒夢想	宇文正	九歌出版社	2003 年 3 月	散文
07	愛的發條——第一次帶媽媽上街	宇文正	三民書局	2005 年 2 月	兒童文學
08	永遠的童話——琦君傳	宇文正	三民書局	2006 年 1 月	傳記
09	我將如何記憶你	宇文正	九歌出版社	2008 年	散文
10	丁香一樣的顏色	宇文正	聯合文學	2011 年	散文
11	臺北卡農	宇文正	聯合文學	2008 年	小說

六十七、作家：銜月

本名：郭孟姬

筆名：荷珠

性別：女

籍貫：臺灣基隆

出生日期：1968 年 6 月 27 日

學經歷：東吳大學中文系畢業。曾任佛光山《普門》雜誌主編，現為自由文字工作者。

文學風格：銜月的創作文類以散文為主。主要是寫佛法、修行體驗與日常生活瑣事的結合，透過文字寫出鮮活的生活經歷，轉而成為自我信念的力量、正面的知覺。

編　號	篇　名	作　者	出版者	出版日期	作品類別
01	漂漂河上的浮木	銜月	探索文化	1998 年 4 月	散文

六十八、作家：陳碧月

性別：女

籍貫：臺北

出生地：臺灣基隆

出生日期：1969 年 1 月 4 日

學經歷：東吳大學中文系畢業，中國文化大學中文系碩士、博士。曾任崇右技術學院講師、中國文化大學兼任副教授、實踐大學專任教授，臺灣科技大學、空中大學兼任教授。

文學風格：陳碧月創作文類以論述為主。以其清晰的理絡，層次性的闡明論述，關注兩岸的女性作家小說研究，沒有嚴肅的學理贅述，直接徵引作品為例，淺顯易懂。近期研究領域延伸至九〇年代臺灣性別跨界小說。

編號	篇　名	作　者	出版者	出版日期	作品類別
01	小說選讀	陳碧月	五南圖書	1999 年 4 月	論述
02	大陸女性婚戀小說、五四時期與新時期的女性意識書寫	陳碧月	秀威資訊科技	2002 年 4 月	論述
03	小說創作的方法與技巧	陳碧月	秀威資訊科技	2002 年 9 月	論述
04	大陸新時期女性小說選讀	陳碧月	秀威資訊科技	2003 年 1 月	論述
05	文學與人生——此情無計可消除	陳碧月	秀威資訊科技	2003 年 9 月	論述
06	小說欣賞入門	陳碧月	五南圖書	2005 年 9 月	論述
07	異彩紛呈——大陸新時期女性小說賞讀	陳碧月	秀威資訊科技	2007 年 9 月	論述

六十九、作家：歐陽林

本名：歐文林

性別：男

籍貫：福建金門

出生地：馬來西亞

出生日期：1969 年 9 月 22 日

學經歷：臺灣大學醫學系畢業。曾任臺灣基隆礦工醫院內科醫師、診所醫師。

文學風格：歐陽林創作文類有散文及小說。題材多以醫院生活為背景，以輕鬆的筆調，記述醫院內的人生百態，刻畫醫生與病人間的微妙互動，更間接帶出醫院間的競爭與醫生的無奈辛苦，此外，亦抒寫個人心情，與朋友間的情緣、都市男子落寞的心情描述與在旅行中所體驗的各種趣聞與感動。

編　號	篇　名	作　者	出版者	出版日期	作品類別
01	青年醫生歐陽林——病人不要睡	歐陽林	希代書版	1995 年 11 月	散文
02	臺北醫生故事 1	歐陽林	麥田出版社	1996 年 12 月	散文
03	臺北醫生故事 2	歐陽林	麥田出版社	1997 年 7 月	散文
04	臺北醫生故事 3——雞婆醫生	歐陽林	麥田出版社	1998 年 1 月	散文
05	臺北醫生故事 4——醫生也瘋狂	歐陽林	麥田出版社	1998 年 7 月	散文
06	少年醫生天才事件簿	歐陽林	麥田出版社	1998 年 11 月	散文
07	醫院哈燒站	歐陽林	麥田出版社	1999 年 2 月	散文
08	臺北醫生故事——狗咬歐陽林	歐陽林	麥田出版社	1999 年 8 月	散文
09	醫生護士跳起來	歐陽林	麥田出版社	2000 年 2 月	散文
10	單身男子公寓	歐陽林	麥田出版社	2000 年 6 月	散文
11	醫生的花 Young 心事	歐陽林	麥田出版社	2000 年 9 月	散文
12	我的青春吶！一個醫生作家的成長手記	歐陽林	麥田出版社	2001 年 1 月	散文
13	Doctor 0 便利商店	歐陽林	麥田出版社	2001 年 4 月	散文
14	寂寞男子公寓	歐陽林	麥田出版社	2001 年 8 月	散文

15	一個臺灣醫生的絲路假期	歐陽林	馬可孛羅文化	2002 年 1 月	散文
16	沒錢也要來看病	歐陽林	麥田出版社	2002 年 5 月	散文
17	叫我醫生哥哥	歐陽林	麥田出版社	2002 年 5 月	散文
18	再續絲路情	歐陽林	馬可孛羅文化	2003 年 11 月	散文
19	歐醫生的生活妙處方	歐陽林	麥田出版社	2003 年 11 月	散文
20	我愛實習醫生	歐陽林	麥田出版社	2004 年 3 月	散文
21	處女座的醫生是這樣的	歐陽林	麥田出版社	2004 年 8 月	散文
22	超人醫生診療室	歐陽林	麥田出版社	2005 年 5 月	散文
23	蠱中情	歐陽林	希代書版	1993 年 6 月	小說
24	歡喜冤家	歐陽林	希代書版	1996 年 9 月	小說
25	醫院 X 檔案	歐陽林	麥田出版社	1997 年 9 月	小說
26	愛一次怎麼夠——醫科學生愛的故事	歐陽林	希代書版	1994 年 4 月	小說
27	帥哥不裝酷——歐陽林的愛情故事	歐陽林	麥田出版社	1999 年 11 月	小說
28	一個醫生的愛情故事	歐陽林	麥田出版社	2002 年 10 月	小說

七十、作家：盧郁佳

性別：女

籍貫：臺灣基隆

出生日期：1970 年

學經歷：中興大學社會系畢業。曾任《首映》電影雜誌總編輯、《自由時報》天生玩家版主編、明日報藝文中心主任、金石堂書店公關部經理，現職寫作。

文學風格：盧郁佳的創作文類以散文與小說為主，兼及兒童文學。長期在報刊發表評論散文，近年轉向小說創作，筆調犀利幽默。其散文以時事與社會觀察為主題，時見戲謔。小說創作則以「愛」與「生命」為主題，結合冷冽的奇幻想像，混合多元類型，文風一變為細緻犀利。其兒童文學則以溫柔的筆觸，書寫現實生活中難以存在的天真與浪漫。

文學成就：獲教育部文藝創作獎首獎、聯合報文學獎大眾小說評審獎。

編　號	篇　名	作　者	出版者	出版日期	作品類別
01	失敗為成功之乾媽	盧郁佳	時報文化	1995 年 4 月	散文

02	吃喝玩樂最善良——飛天遁地找樂子，出神入化逛街功	盧郁佳	圓神出版社	1996 年 10 月	散文
03	我發誓，這是我的第一次	盧郁佳	寶瓶文化	2002 年 8 月	散文
04	愛比死更冷	盧郁佳	洪範書店	2002 年 10 月	小說
05	帽田雪人	盧郁佳	皇冠文化	2002 年 5 月	兒童文學

七十一、作家：可樂王

本名：詹振興

性別：男

籍貫：臺灣基隆

出生日期：1971 年 2 月 21 日

學經歷：復興商工畢業。曾任職宏廣卡通公司、《自由時報》、藝騰網美術設計。現專職繪圖，亦從事攝影與裝置藝術。

文學風格：可樂王的創作文類以詩及散文為主，多為繪本類的創作。早期作品風格，筆觸有較多漫畫感，充滿童言童語的趣味，其後則素描圖像增加、漫畫元素減少，題材亦從童年記憶轉向探索青少年心理、文學大師心靈等，情感細膩且直接；小說充滿可愛與灰鬱、純真與反諷、冷酷與趣味等兩極化卡通夢幻之美。近年將創作與音樂做結合，風格華麗。曾固定在報紙專欄發表作品，作品清新可愛、純真良善、充滿童言童語的趣味。可樂王極度懷舊，像個不願意長大的彼得潘。家中收藏木馬一只、童玩數盒、「尪仔鏢」數疊、老唱片數張、小學三年級就立志成為漫畫創作者，他畫摩托車、卡通人物、大同寶寶簡單而清楚的線條，細膩且直接的情感，在作品中逐漸牽引最深刻的童年往事。

編號	篇　　名	作　　者	出版者	出版日期	作品類別
01	旋轉花木馬	可樂王	大田出版社	1998 年 12 月	散文
02	哥哥妹妹百貨公司 1	可樂王	大田出版社	1999 年 10 月	散文
03	哥哥妹妹百貨公司 2	可樂王	大田出版社	2000 年 1 月	散文
04	畢業生俱樂部	可樂王	大田出版社	2000 年	散文
05	可樂王 AC／CD 俱樂部	可樂王	大田出版社	2000 年 2 月	散文
06	Hi・rabbit！	可樂王	大田出版社	2001 年 12 月	兒童文學

07	兔子兔子嗨——可樂王的圖文劇場	可樂王	大田出版社	2001 年 12 月	散文
08	星星與帆船派的進行曲——戀愛時代的最強詩篇	可樂王	皇冠文化	2002 年 5 月	詩
09	無國籍者——自我的降靈會	可樂王	聯合文學	2002 年 7 月	散文
10	寂寞青春國——一個人的憂慮症	可樂王	聯合文學	2002 年 7 月	散文
11	Childhood 童年	可樂王	大田出版社	2002 年 8 月	散文
12	戰爭	可樂王	聯合文學	2003 年 5 月	散文
13	漫游的魔術師	可樂王	文匯出版社	2004 年 2 月	散文
14	小島探戈	可樂王	文匯出版社	2004 年 2 月	散文
15	拜金小姐大戰惡魔黨	可樂王	聯合文學	2004 年 2 月	小說
16	可樂王天界妖精塔羅牌：牌意密笈	可樂王	尖端出版社	2004 年	散文
17	快樂的遠足——可樂王童年作文簿	可樂王	自轉星球文化創意	2005 年 8 月	散文
18	哥哥妹妹 COSPLAY	可樂王	大田出版社	2006 年 2 月	散文
19	YESTERDAY ONCE MORE	可樂王	大田出版社	2006 年 12 月	散文
20	時光靜靜的流逝	可樂王	大田出版社	2007 年 8 月	詩

七十二、作家：李錫文

筆名：李非易、李覃

性別：男

籍貫：臺灣澎湖

出生日期：1971 年

學經歷：臺南大學教育經營與管理所碩士。曾任澎湖沙港國小老師。

文學風格：李錫文創作文類以詩為主。詩作帶著海洋文學氣息，對大自然與童年舊事有充滿情感的描繪與嚮往，意象強烈而活潑，語言節奏多變。

文學成就：獲澎湖縣菊島文學獎現代詩及散文獎、基隆市海洋文學獎、第一屆國文老師文藝創作新詩獎等獎項。

編　號	篇　名	作　者	出版者	出版日期	作品類別
01	島嶼夜未眠	李錫文	澎湖縣立文化中心	1999 年 6 月	合集
02	海豚再見	李錫文	澎湖縣文化局	2006 年 12 月	詩

七十三、作家：丁威仁

筆名：kylesmile

性別：男

籍貫：臺灣基隆

出生日期：1974 年 10 月 7 日

學經歷：淡江大學中文系畢業，中興大學中文系碩士，東海大學中文系博士。曾任教於逢甲大學、東海大學及朝陽科技大學、新竹教育大學語文系副教授兼課外活動組組長、清華大學華文文學研究所副教授、笠詩社同仁與拓詩社社長、創世紀詩社同仁。

文學風格：丁威仁創作文類以詩為主。詩作多以網路為發表場域，對臺灣網路詩著力甚深，時常思索形式與內涵之間的議題，對「什麼是詩」抱持著強烈的探索興趣，創作外另有論文討論相關現象。其詩風詭譎多變，偏好使用強烈的語言表達感受，富有動感的畫面。

文學成就：獲聯合報文學獎、教育部文藝創作獎、吳濁流文藝獎、苗栗夢花文學獎、全國優秀青年詩人獎、全國學生文學獎、創世紀 50 年詩創作獎等獎項。

編號	篇　名	作　者	出版者	出版日期	作品類別
01	末日新世紀——丁威仁詩集	丁威仁	文史哲出版社	1998 年 5 月	詩
02	反正是詩	丁威仁	自印	2001 年	詩

七十四、作家：林育涵

本名：林育丞

性別：女

籍貫：臺灣臺北

出生地：基隆

出生日期：1974 年 7 月 22 日

學經歷：靜宜大學中文碩士。曾任職靜宜大學人文中心兼任講師。

　　文學風格：林育涵創作文類以小說為主。以愛情為主題，擅將抽象之意念具體化，小說以處理瘋狂、幻滅或死亡為主。文字蘊含詩意，藉由逼視種種負面情感與人性缺陷，凝視愛情之幻滅，進而獲得成長。張曼娟論其文「造出詩的句子，能繪出自我風格的圖，能創造出令人懸念的人物」。

　　文學成就：獲教育部文藝創作獎小說獎、雙溪文學獎新詩獎等獎項。

編　號	篇　　名	作　者	出版者	出版日期	作品類別
01	著迷	林育涵	麥田出版社	2000 年 5 月	小說
02	我們的幸福生活	林育涵	麥田出版社	2003 年 9 月	小說

七十五、作家：陳國偉

　　筆名：遊唱

　　性別：男

　　籍貫：臺灣基隆

　　出生日期：1975 年 9 月 15 日

　　學經歷：東吳大學中文系畢業，中正大學中文系碩士、博士。曾任南華大學通識教育中心、虎尾科技大學共同科與中正大學中文系兼任講師、嘉義縣藝文資源山區文學深入調查計畫研究員、中興大學臺文所副教授。

　　文學風格：陳國偉創作文類為論述與小說。論述探索臺灣各大族群之族群意識，側重於分析各族群文化主體性的建立，進一步探索融合併存之可能。小說營造懸疑與驚悚風格，寫物事、記憶、秩序之崩壞，而試圖碰觸人性於危顫時觸發之種種反應。此外，陳國偉以筆名遊唱發表一系列關於推理文學之論述，為推理小說作序、解說。

　　文學成就：獲中央日報文學獎、全國學生文學獎、桃城文學獎、賴和臺灣文學研究論文獎等獎項。

編　號	篇　　名	作　者	出版者	出版日期	作品類別
01	空間失控	陳國偉	麥田出版社	2001 年 12 月	小說
02	想像臺灣——當代小說	陳國偉	五南圖書	2007 年 1 月	論述

七十六、作家：吳家宜

　　性別：男

　　籍貫：臺灣基隆

出生日期：1978 年 8 月 15 日

學經歷：東吳大學中文系畢業，臺灣師範大學國文學系碩士。

文學風格：吳家宜創作文類以小說為主。題材多描寫青澀歲月的心情故事，敘述自然清新，單純的筆調中充滿念舊的感情，引人不自覺回想起青春年少的美好時光。

編　號	篇　名	作　者	出版者	出版日期	作品類別
01	冒險的夏天	吳家宜	麥田出版社	2001 年 8 月	小說

附錄二　訪談稿

一、余福海先生訪談稿

（一）訪談稿編號：A01

（二）訪談時間：104 年 8 月 5 日早上 9 點～12 點

（三）訪談地點：基隆市暖暖區過港路福德宮

（四）受訪人物：余福海先生，1958 年生，基隆人，曾為安德宮管理人。

（五）訪談內容：

有關暖暖地區文史問題：

1. 凱達格蘭族早期何以維生？

答：依山河為生；早期暖暖一帶的山區有山羌、野豬，凱達格蘭人以打獵為生，基隆河及其支流暖暖溪有魚，暖暖溪有鰻魚、鯉魚、鱸魚……，現在已無鰻魚、鱸魚了。

2. 凱達格蘭族為何消失？消失至何處？何時消失？

答：暖暖開發自明朝鄭成功開始，已有三百多年的歷史，最早到暖暖的漢人是福建泉州安溪人，當時的暖暖社凱達格蘭族勢力單薄，一族群一族群的分散居住，漢人人多勢眾以武力強奪凱達格蘭的土地，漢人趕走凱達格蘭族後，便築圍牆堵住凱達格蘭族，七堵、八堵地名，因之而來，這圍牆本來是堵凱達格蘭，後來堵法國人、日本人。約於清朝時，凱達格蘭失去土地後，無以為生，只好另謀生計，為避免漢人的追殺，越過月眉山，遷移至和平島，向海發展，捕魚為生。

劉銘傳駐守基隆河，設八個堵，堵即為檢查站，為海關收稅與民防，八個堵為一堵在大直，二堵在松山，三堵在南港，四堵在汐止，北五堵、六堵、七堵、八堵。

3. 暖暖現今的族系？

答：阿美、卑南、泰雅族會到暖暖來，是因採礦。

4. 民間文學〔諺語、習俗、謎語、籤詩、符咒、寓言、敘事／故事、藥
籤……〕，諺語時間？

答：我的阿祖林乞擔蔥賣菜，後來開柑仔店（雜貨店），名為金順利，賣什
貨並非只賣鴨蛋，鴨江旺（林興旺）沿用這個店號。順益是碾米場。

5. 從泉州帶來的藥籤〈保儀大夫〉。

答：古早醫藥不發達，人生病不一定看醫生，祈求宗教賜藥。

6. 清法戰爭的原貌〈碇內登陸？〉

答：因劉銘傳駐兵在海門天險，法軍不容易由基隆港登陸，因此轉移至
和平島登陸，和平島海防較薄弱，海門天險的大砲也打不到，又越
過月眉山涉溪基隆河，於十六坑（今之碇內）上岸，與王廷理、周
印等義軍激烈交戰，交戰遺址在金福安宮一帶，義軍在金山寺架設
砲臺，居高臨下，重擊法軍，法軍死傷慘重，屍體掩埋於亂葬崗（在
今之暖暖中學），後來法國人的後代，已將其屍骨全部帶回法國。

7. 日人整治基隆河〈基隆河變小？〉

答：日據臺灣時期，基隆河沿岸多煤礦，如平溪、三貂嶺、四腳亭、暖
暖、汐止……等，為了煤產，日本開發由八堵到宜蘭的鐵路，將山
炸毀，開闢鐵路，暖暖火車站於是產生，而炸毀的石土，便填河造
陸（即今之瑞八公路），基隆河的水原是又深又大，哪有乾枯過？不
然船怎麼走？基隆河道變小，也是影響河運發展的原因之一，生態
破壞，反而讓壺穴群出現，這倒是意外的景觀。基隆河河床多沙岩
石，長久在水裏經河水翻轉而形成，若非基隆河被破壞，水變少了，
這些壺穴哪看的到啊！

說明：暖暖火車站旁有巨大的蕨類，正足以說明，暖暖火車站是移山而成的。

8. 暖暖人對抗日本人〈臺灣割讓〉的過程？

答：清法戰爭是勝利的，所以有人大為記載，但抗日是失敗的，又受制
　　於日本，暖暖人的處境真是可憐，暖暖人的個性是剛毅勇敢、不服
　　輸的，由清法戰爭可證，當然對抗日本的入侵是必然，但是何人抗
　　日？卻不詳，當年抗日，武器、兵力皆不足，抗日是慘敗的，暖暖
　　人被屠殺甚劇，在一番戰事後，暖暖人在手無寸鐵下，禁聲，忍痛
　　與抗日義士切割關係，以免禍及親朋誅殺九族，但又不忍義士暴屍
　　荒野，因此偷偷集體埋葬，以無名氏供奉於有應公廟，義士的親友
　　或其後代也無人敢提及當年抗日之事，甚至義士的後代，可能也不
　　知其事，這也是為何暖暖抗日事蹟不為人知的原因。

9. 漳泉械鬥原貌〈搶地盤〉為何？

答：基隆河水又大又深，河運興隆，位於今暖江橋頭之碼頭，小帆船、
　　小渡船穿梭不息，漳州人以農作需要水源為藉口，與在基隆河畔生
　　活的泉州人械鬥，與其說搶水源，倒不如說是搶地盤，碼頭生意很
　　好，財源滾滾，其實漳泉械鬥好幾回，最後一次在南榮路這一帶，
　　死傷最為慘烈，最後在地方頭人的協議下，以陣頭取代械鬥，這就
　　是陣頭的由來，「輸人不輸陣，輸陣派看面」。

10. 貨物輸出，為何不從基隆港，而是暖暖港？

答：早期北臺灣貿易最盛是在臺北艋舺大稻埕，基隆河可抵達臺北社子
　　島，反而比基隆港更便利，基隆港建港是從劉銘傳開始。暖暖因土
　　地較為貧瘠，農作多為自給自足，過港路以前是稻田，北山（羅傑
　　摩爾社區）種茶，經濟上還是以貿易為主，茶葉、大青染布是最重
　　要的貿易物品。當時平溪、雙溪、坪林的貨物經由古蘭步道（草嶺，
　　由暖暖東勢坑至宜蘭大里天公廟），運送至暖暖，這條步道本來是原
　　住民走的山路（狩獵），漢人加以利用，民間流傳諺語「九萬十八千」，
　　日本統治時代還有電影院（電影院遺址在暖暖火車站旁的環保處），
　　可知當時暖暖的貿易非常繁榮。

11. 戲曲文學在日治時期如何？

答：日治時期對戲曲並不十分反對，除非是戲曲內容有煽動造反之意，
　　反倒是國民黨因提倡京戲，而壓迫地方戲曲。

12. 清朝時有採煤礦嗎？清朝採煤礦約於何時開始？

答：暖暖有五大煤礦：十六坑（碇內）、興隆路、東勢（愛場、一筋、東勢）。

13. 過港的溪西股在哪裡？

答：興隆路至四腳亭墳場。

14. 暖暖有私塾或書書院嗎？還有老師存在嗎？私塾老師有誰？位置在哪？

答：有，但私塾老師都不在了。

15. 老街店家後代？

答：不多了，大多數遷移外地，安德宮前賣麵的就是金順利的後代，看板還在啊！

16. 老街重建，誰向市政府提過？要多少錢？

答：許效舜曾向市政府提過，但是市府表示有困難，經費不足，至少以億元計算，況且老街古建築只有一、二層樓，現在改建後也有四、五層樓的，無法回復原狀，三峽老街還能保有原來風貌，只是破舊，經過整修維護，就較容易還原以前的樣子。

17. 暖暖有多少廟？

答：主要有安德宮、福安宮、威德宮三大廟。

18. 為何安德宮有三個媽祖？

答：黑面三媽，是因被煙薰黑臉，所以得名，媽祖要普渡眾生，事務繁忙，所以必須有分身幫忙處理事務，故民間有諺語說：「一進玲瓏遨，二綴（跟得意思）tshit 迌（七逃），三進要顧家」。

說明：安德宮內的三媽，深受信徒的膜拜。

19. 請說明安德宮名家筆墨由來。

答：暖暖人真得很慘，二二八事件，暖暖又被大屠殺，八堵火車站的紀
　　念碑，就是這事件的見證，臺灣光復後，臺灣還是被國民政府當作
　　是殖民地，國民政府運金到基隆，因語言無法溝通，官方怕金子被
　　搶，產生誤會，造成死傷無數，鑒於被屠殺的慘狀，暖暖人怕歷史
　　重演，藉由安德宮的整修，請當時較有名望的人士，如于右任、白
　　崇禧、何應欽，落款或贈與墨寶，以示暖暖人的身分不容小看，就
　　像是「一人得道雞犬升天」「打狗看主人」，把這些有名望的人士，
　　當作是暖暖人的護身符，以求平安。

　　暖暖人真的嚇到了，驚弓之鳥一樣，此意義不同於今寺廟楹聯，動
　　則總統或五院院長賜匾額，不過為錦上添花之意，但在暖暖安德宮
　　是墨寶楹聯，有特別意義。

二、王國緯先生訪談稿

（一）訪談稿編號：A02

（二）訪談時間：104 年 8 月 25 日早上 11 點～16 點

（三）訪談地點：基隆市暖暖區東勢坑大菁農場

（四）受訪人物：王國緯先生，1930 年生，基隆人。

（五）訪談內容：

有關暖暖地區文史問題：

1. 早期凱達格蘭族的習俗？漢番相處如何？

答：凱達格蘭族在開發一塊地後，會將廢土疊成三角狀，凱達格蘭族人
　　數不多，人過世後不埋，將屍體放在樹下，任其腐敗，漢人看了不
　　忍心，將其屍骨放置甕內，甕再放到暖東峽谷石頭洞內，石頭洞是
　　天然形成，取名為『萬善洞』，裡面有六十幾個金斗甕，最多時有七、
　　八十個，後來漢人也將親友遺骨寄放在暖東峽谷石頭洞內，稱為「寄
　　金」，天然石洞比較乾燥，漢人先寄金此地，等找到墓地後，再遷移。
　　如何分辨石頭洞內漢番？就看清明節，漢人習俗壓墓紙〈冥紙〉，有
　　放墓紙者即為漢人，因年代久遠，有些放在石頭洞最裡面的，可能
　　就成為無主屍骨了。

　　凱達格蘭的風俗，凱達格蘭曾有人撿到金〈九份〉，凱達格蘭撿到東

西，若遭打雷便放棄，因為天意，這東西不屬於你的，不能拿，後來西班牙人知道凱達格蘭有撿到金的事，因此向凱達格蘭打聽金的來源，凱達格蘭不能說出「天」的秘密，因此隨便說在某處，此處便是基隆金山的由來。

有關凱達格蘭的諺語習俗等等，你可請教有位林姓先生，專門研凱達格蘭社長，我忘了他的名字，及潘江衛先生。基隆尚有很多地名取自原住民音，如大武崙，貢仔寮，大武崙的意思是山豬，貢仔寮是陷阱，可查戴寶村的研究。

漳州人由紅淡山入暖暖，凱達格蘭出草是漢人最懼怕的，尤其是泰雅，念拱〈念咒語〉，所以對凱達格蘭是敬鬼神而遠之，凱達格蘭與漢人交易者是少數，凱達格蘭被漢化後又被日化。凱達格蘭族為南島語系，分布在各島，來臺趕走泰雅族〈原住臺灣的〉，漢人租地，蕭秉忠與番婆簽契約租地，再招募工人，提供半年糧食，三年免租金，於是放火燒山，使土地變成鹼性較容易種植，最普遍是種地瓜，地瓜四個月即可收成；漢番無爭鬥。

2. 凱達格蘭為何消失？消失至何處？何時消失？住在暖暖的凱達格蘭後遷移到和平島？有人說凱達格蘭遷移至和平島？

答：凱達格蘭的消失原因是凱達格蘭族人已被同化，不認同凱達格蘭遷移至和平島，凱達格蘭族是母系社會，康熙時，臺灣有唐山公無唐山媽，除有怕漢人造反之意，也有群族融合之意，漢番結婚，凱達格蘭族無姓氏，漢人要求出生的孩子冠姓氏，亦隨漢人之姓，所以凱達格蘭被同化了。

3. 暖暖現今的族系？

答：阿美、卑南、泰雅

4. 暖暖地名的意思？

答：那那為社名，另一說法，㑜何，隔開之意，兩地相隔。

5. 凱達格蘭族生活空間，請說明。

答：凱達格蘭族原是海洋民族，通常生活以漁撈為主，簡單農業為輔。

6. 清法戰爭的原貌〈碇內登陸？〉

答：暖暖中學中原為亂葬崗，羅傑社區開發時，挖到很多屍骨，現將屍

骨置於一家廟的二樓，一樓由關帝君鎮壓。法國打基隆有二次，一次在仙洞，被劉銘傳砲擊而被逼退，第二次在和平島登陸，一路到月眉山，再到今之暖暖中學紮營，隔著基隆河與暖暖人對立。

煤分兩種原煤和焦煤，原煤有 165 種化學元素，可提煉瀝青〈點仔膠〉，焦煤可煉鋼，臺灣煤礦，法國採購，原煤火力強，引起法國人的好奇，並進之研究，興起覬覦之心。清法戰爭時，因劉銘傳駐守基隆，僅得五營軍隊，劉敖總軍二十一營，僅予劉銘傳五營，軍備不足，所以結合地方鄉勇，在清法戰爭中，暖暖有十四人死，先將屍體掩埋，稱為勇士公墓，後有五個人由家族領回，所以又稱九勇宮，後來又有陸續放進去的，現在不知道有多少屍骨，所以又改稱為勇士宮，日軍來了之後，將勇士宮的碑文，名氏塗掉，主要是要毀掉民族意識。

說明：無碑文的九勇宮

7. 暖暖人對抗日本人〈臺灣割讓〉？

答：暖暖人無抗日。

（1）臺灣本身是被割讓的；

（2）臺灣民主國，唐景崧只打了六天，便由淡水逃走；

（3）日人公告：日人打下臺北後便公告說，三個月內不服日本者，自行回中國，三個月後，軍隊開始管理，清戶口；若說要抗日，日軍攻

打獅球嶺時，守軍有官方的廣東軍，民間義勇軍，但廣東軍不屑義
勇軍，結果形成內亂，日軍輕易越過獅球嶺到臺北，義勇軍被廣東
軍趕走，義勇軍退到暖東山區至平溪一帶躲避，因無糧食，至山下
搶食，猶如土匪，後來人民對於義勇軍的處境，心生同情；日軍以
招募工作名義，誘殺義勇軍，平溪街長還以包庇土匪之罪名，被日
人所殺。

8. 日治時代的煤礦多為民營，暖暖煤礦主人是誰？

答：暖暖車站崩毀的石牆，原為儲煤場，暖暖當時礦場有愛產、一心、
　　盛興、二坑。日本時代，煤礦民營較多，後規劃北部由三井株式會
　　社管理，南部由三菱株式會社管理，基隆煤礦屬三菱株式會社管理。

說明：今儲煤場已崩壞（一）

說明：此圍牆皆由巨石堆切而成（二）

9. 乙未之役，氣壯山河，日軍攻佔基隆臺北，馬關條約割日，日軍登陸
   澳底、三貂嶺，提督曾喜照，俞明震，劉燕等力抗日軍失敗，日據臺
   灣後，日軍鎮壓，腥風血雨，席捲全臺，只因臺人抗日之心強烈，暖
   暖有哪些抗日英雄？

答：在暖暖或臺北，會抗日者不外乎大富人家及知識分子，這些人都是
   少數，一般平民百姓，認為誰統治都一樣，要抗日的人就往南走，
   因為劉永福駐守臺南。

10. 日人建西勢水庫〈暖暖水庫〉目的何在？

答：在製作自來水予在暖暖的日人及基隆港的日本軍官及士兵使用。

11. 漳泉械鬥原貌〈搶地盤〉是？

答：漳泉械鬥，漳州人先到北部平地，泉州人大致來自安溪，一看社仔
   到處都是九麗仔花〈野牡丹〉，有九麗仔花的地方，代表土壤不肥沃，
   因此安溪地形多山，所以安溪人習慣找山坡地生活，因此由淡水到
   社仔〈三角度〉換小船，溯溪而上，順水找水源頭，有水才能種作，
   才能生活。
   械鬥的原因很多，漢人注重家族，不能受欺侮，族群互看不順眼，
   時常「大題小作」引發衝突，在暖暖往基隆南榮路隧道口，那兒有
   一處如瀑布水，〈現在多被利用洗車〉，即漳泉爭奪的水源，為南榮
   河的主要水源，雙方火拼，死一百零八人，死者多為羅漢腳，因死
   者為大，蓋廟，名為老大公廟，附近有忠魂碑，後來雙方士紳協商，
   以拼陣頭，取代械鬥。

12. 八堵、碇內地名的由來。

答：八堵番契，漢番無械鬥，甚至有租約糾紛，亦循管道理性解決問題，
   故不須建堵拒番，日本人說：堵，一說為石牆，另因堵成轉彎的地
   方叫堵，以基隆河言，七堵、八堵、五堵，都有大轉彎，為凱達格
   蘭之說法。

13. 近代暖暖文人〈小說、散文〉。

答：李瑞初，張鶴年〈添壽〉，蔡良修，周植夫，大同吟社，當年有名詩人。

14. 清朝時有採煤礦嗎？

答：臺灣最早用煤見諸羅縣志，康熙五十六年〈1717〉，荷蘭人利用原住

民採礦。搶奪基隆煤礦，劉銘傳下令毀八斗子官礦，暖暖比八斗子煤礦佳。

15. 老街店家後代？

答：有，金順利，安德宮廟口賣麵的就是，很多都搬走了。

16. 老街重建，誰向市政府提過？

答：許效舜有提過，但老街重建困難。

（1）老街要封街；

（2）假日步行；

（3）研發特色商品；

（4）三年內租金打折。

就光這些條件，執行就有困難。

17. 暖暖的開元宮是？

答：開元宮供奉的是盤古公，盤古公原是在山區，管理野生動物的，盤古公可能只是一個石頭而已，後因開路，再移至路邊，後人蓋廟供奉。

18. 推動日本文學，把握民心，有阻撓結社嗎？

答：沒有。

19. 如何發展海洋文學？

答：早期發展漢學，詩會，詩社盛，瑞芳李連興，瀛社，可訪海洋大學，院長安家芳。

20. 有關《基隆市民間文學采風（一）》，能否請老師多加補充說明？

答：（老師翻一下這書本）罵人半遂未行，叫痀腳風，在以前蘇府三爺公，在威德廟，很靈驗，最會捉賊，以前靠神捉賊，神會藉乩童說「我知道誰偷的，我會給你悔過，三天內物回原地，否則直接搜索」，做賊的人會心虛，會在法場上看究竟，在心理作祟下，賊往往會將贓物歸回原地，物歸原位，失主也不追究了。

風櫃，使風箱火力增加；鴨江即公鴨，林仔耳即林新發，柑仔店，豐祥人名，茂美是店名，賣米，某飼翁，吃軟飯；板橋是平地，女人恰會打扮，莊稼人到臺北呼人招，較不可能所以退而求其次，當時板橋也算鄉下。

暖暖街的繁榮，直至 1920 年後逐漸沒落，暖暖基隆河是河運起點，貨物集散中心，生意人開菁行，茶行及其他賣農產品，五日節（端午節）前後十天，茫種雨，清明穀雨，種子在土壤，受雨滋潤，狗也要避雨，看山頭，罩雲會下雨，螢火蟲童謠，應是由中南部傳上來的，因龍眼荔枝，暖暖沒有，當時由南部運輸到北部不多。

洪連成雞籠文史工作室第一任會長，日本時代的區長，詹鬧的哥哥是保正，祥順是針織店，筆山，在水源地的山，溪水流東指暖暖溪東流。

暖暖產茶，大致茶區在東勢坑一帶，種茶就有人採茶，當時在採茶時，盛行褒歌，褒歌歌詞不定，即興的，隨興改歌詞。

柯定邦，暖暖區公所秘書；柯文理，暖暖的活字典，其子柯炳衛，也是對暖暖文史頗有研究。柯文理最有名氣，他做過區長，賞金二十兩，二十兩剛好是斤半；一斤十六兩，二十兩即為斤四，怎會斤半？乎人想無。

目仔少爺是林朝棟，在練軍時受傷，一眼瞎，蘇廟，1885 年過年到四腳亭喝春酒，時值清法戰爭，在戰爭期間，戰務吃緊，所以氣氛也較嚴肅，蘇廟輕浮，練肖話〈瘋言瘋語〉，沖犯軍威，統領林朝棟一怒，要捉拿蘇廟砍頭，在當時冒犯軍紀，可先斬後奏，把砍下來的頭漬鹽送到東北呈報案由，媽祖的故事是在講別的地方，當時美軍轟炸的地點主要是基隆港口，所以離市區較遠的地方，暖暖並沒有被轟炸過。七撿八撿，撿到一個賣龍眼的，很會挑，弄巧成拙。

兒歌，好玩。

生意人知成本，不可能賣錯價錢而虧本。

八堵隧道是重要工程，不用爬獅球嶺，以前基隆到臺北，是從八堵越獅球嶺，從今天長庚醫院旁下來，1889 年，英人在暖暖選水源，被選中，那是一件不得了的事。順口溜像廣告詞，連外地人都會念，像平溪，七堵買辦到暖暖採購辦事，由順口溜就可以找到所要的東西。

21. 王老師您是否能提供幾個諺語故事？

答：好，我說二個，一個是有關洗金：

　　頭戴銅盔

　　身穿龜甲

　　腳ㄔㄨ〈屁股〉坐八卦

　　雙腳穿草鞋

　　意思是：以前的臉盆是銅做的，洗金帶臉盆去洗砂金，黃金沉澱在臉盆的底層。下雨時臉盆戴頭上，下雨穿龜甲〈蓑衣的第一代〉，用竹片編製，中間放蒲葵〈防雨〉穿起來外觀像烏龜殼，整天在水中，屁股都濕了，用黃藤捲成一個圓形大餅，掛腰上，坐下來就坐在黃藤編的大餅圈，就如坐八卦，穿草鞋，在溪水中，可防滑。

　　另外一個是罵人的話，龜潭無蓋卦〈沒蓋子〉，這是一句罵人的話，威德廟旁有一個水潭，名為龜潭，現在已淤積消失，它原位在暖暖溪內。

　　有關各行各業的順口溜我想到一個，但太長了記不大起來，只記得幾個，我說說看：一崁阿寬塊賣餅，二崁金榜塊賣鼎，三崁龍秋作餅尚好吃，查某仔煮麵尚好吃，尾福調解尚公正，定天笑仔罵翁那罵子，其他的忘了。

22. 我有聽說「暖暖有三黑：天黑黑、厝頂黑黑、面黑黑」，天黑黑：雨季很長，尤其冬天，陰雨綿綿；厝頂黑黑：下雨時間長，屋頂都是用油毛毯紙漆上柏油（瀝青），避免屋頂漏水；面黑黑：礦工採礦，從礦坑出來，臉沾滿煤渣，所以臉都是黑的。是這樣嗎？

答：對，沒有錯。

23. 有關褒歌特色，請王老師說明一下，現在已很少聽到了。

答：好，暖暖、七堵產茶，種茶就有採茶人家，在採茶時，青年男女以褒歌互傳情意，歌詞不定，隨興的，所以沒有固定歌詞而流傳下來。褒歌曲調主要來自七字仔，曲調熟悉之後，才因時因地隨興改歌詞。

三、潘江衛先生訪談稿

（一）訪談稿編號：A03

（二）訪談時間：104 年 9 月 25 日早上 11 點～11 點 30 分

　　　　　　　2020 年 3 月 7 日下午 16 點 40 分～18 點 10 分

（三）訪談地點：基隆市電話訪談、基隆原住民會館

（四）受訪人物：潘江衛先生，約 1959 年生，基隆人。

（五）訪談內容：

104 年 9 月 25 日

1. 重提凱達格蘭族史，有何意義？

答：歷史得重新認識，群族尊重。

2. 三貂社凱達格蘭族口述歷史，黃美英主編，臺北縣立文化中心出版，原居住於三貂社凱達格蘭族有部分遷徙至基隆八斗子，以海為生，那凱達格蘭族為何彷彿在基隆消失？

答：我們的祖先從三貂角來，以海盜為業，我們是海盜的後代，個性比較奸詐，另有移居內陸的，個性較溫和，暖暖凱達格蘭族，平常生活以漁撈狩獵為生，簡單農業為輔，目前在暖暖的凱達格蘭族已被同化，另有一部分在八斗子。

3. 聽說日本學者伊能嘉矩有到你們和平島這邊做田野調查，你們族人告訴他「凱達格蘭」的意思是「看的到海的地方」，有這件事嗎？

答：有此事，而且，那是我們阿祖告訴他的，凱達格蘭本以海為生，不過，住在不靠海的凱達格蘭族跟我們很不一樣，他們個性比較溫和，我們比較奸詐，因為我們是海盜的後代。因為我最近比較忙，市府今天有請我去做一場演講，你可上我的網頁看一看，看有沒有你要的，我再另外與你約時間。

2020 年 3 月 7 日

1. 有潘大租這事嗎？潘姓的由來。

答：沒有，那是漢人編的故事，目的在說明番人已漢化，減少番人被歧

視,減少麻煩,以前在和平島一帶到基隆港的地都是我們家的,我們潘姓是在乾隆 23 年封祀的。我們曾幫清帝國打太平天國。

2. 郁永河有到過基隆嗎?

答:沒有。

3. 凱達格蘭族除有祖靈信仰外,還有其他信仰嗎?

答:有,1872 年馬偕到社寮,很多人排隊等拔牙,我們叫他鬍鬚番,我們家就有一半是基督徒,他傳教很成功,我們很尊敬海神媽祖,約 1560 年媽祖神像就到我們這裡,我們對於女神都非常尊敬的,她可以保護我們。西班牙來時,我們怕被破壞,就用白布把她身體包起來變身為聖母馬利亞,身邊還會放一個小孩。我們的神有分白天的神是好神,我們很尊敬,名叫賴慶(Line King),是太陽神,我們是太陽子孫,晚上的神是壞神,山宵,會吃人的靈魂。

4. 凱達格蘭族來自何處?

答:我們來自三納賽(Sansai)的地方,三納賽是在和平島北方如琉球日本北海道一帶。

問:凱達格蘭不是南島語系嗎?北至臺灣?哪怎會是在臺灣之北?

答:福隆的說法跟我們的說法不同,他們會說是來自和平島之南,應該是這麼說以臺灣為中心再擴散出去。

5. 凱達格蘭族有出草的事跡嗎?

答:有,能獲得敵人的首級被視為無上勇士的成就,西班牙從淡水一路打到基隆,1229 年我們曾到野柳出草,殺了 20 幾個西班牙人,出草可以賺錢,因為殺死對方,對方的東西就是你的,而且可以刺青,出草一個,脖子刺青一條線,二個就兩條;若是戰爭殺死一個,就在腳小腿刺一朵玫瑰,以前我們這裡有種一大片薔薇玫瑰的。我們是亞洲的洛曼人,意思是北歐的海盜。

6. 基隆有城嗎?

答:有,聖薩爾瓦多城(San Salvador)就是,在今天中船一帶,城分兩種:一種與居住有關,一是城堡給政府官員住的,也有給老百姓住進去的,另一種是城牆,在大沙灣公車管理處就築有一條長長的圍牆,另有一條圍牆在慶安宮附近,就是在忠一路海洋廣場一帶,當

時是為防堵海盜的，至於說基隆無城吃飽就行，那是外地人來基隆
掏金的，他們賺了錢就走人的說法。

7. 有關凱達格蘭族的諺語歌謠風俗民情：

（1）作田豐年祭時祭品有人說是有做饅頭？

不是，是黑米粿，含鐵，是適合女生吃的，八月十五豐年祭是在晚
上，隔天還有鹿祭。

（2）捉豬，有關撞豬風俗，僅金包里社及大雞籠社才有，在日治時期，
大正十五年廢止，原因是太野蠻迷信，過年拜祖先。

8. 凱達格蘭族的作家作品或其他原住民作家作品？

答：清末大雞籠社有一番秀才叫陳洛書，曾到臺北府教書，我們是凱達格
蘭的巴賽人，巴賽人善於經商，基隆河以北是巴賽人，汐止以南是雷
朗人，我們基隆是巴賽人。我們巴賽人忙著賺錢，沒時間讀書。我們
擅長做生意，不會想讀書，像西班牙抓葛瑪蘭小孩到我們這裡拍賣，
小孩被賣到國外。伊能嘉矩，鳥居龍藏也曾到我們這裡做一些調查，
例如身高飲食做很多很多的調查。

9. 正名運動及一些原住民社會運動你們有參與嗎？

答：有，我們也有去，甚至反貢寮核四廠，我們也有去抗爭，但凱達格
蘭族並未受承認，也就是尚未正名。

10. 凱達格蘭族非常熱情友善，最常說的一句話？

答：我們時常對人家說「賽納引」，意思是給你好運。

11. 請問：基隆現在的凱達格蘭族有多少人？

答：不清楚凱達格蘭族有多少人，都已漢化了，就算是也不會承認，誰
願意讓人家知道自己是番仔？

四、林福蔭先生訪談稿

（一）訪談稿編號：A04

（二）訪談時間：2016 年 3 月 16 日中午 15 點～16 點 30 分

（三）訪談地點：潮境公園

（四）受訪人物：林福蔭先生，1949 年生，基隆人，是位詩畫船長。

（五）訪談內容：

1. 請問船長，憶一刺丁挽，這作品，那一年發表（比賽）？

答：憶一刺丁挽的散文是民國 93 年，我第一次參加海洋文學獎就得獎，感覺非常高興！

2. 刺丁挽，當你第一次刺到丁挽時的心情是？

答：第一次鏢到旗魚，當天捕到三條旗魚都是出自我的手！只能這樣形容，高興又驕傲！雖然這篇文章得到的是佳作獎，但是很被看重！隨後就由當時的文建會編入《閱讀文學地景》這本書，不久文化部也找我去臺北錄音，錄完時錄音師泡茶跟我聊天，他說：「林老師你這篇作品可以拍成電影！」我問：「為什麼？」他說：「這裡面有聲音、有動作、有場景！而且沒有冷場，電影劇本要的就是這些，何況劇情還有教育作用」，聽他這樣講我恍然大悟！他的話我記在心裡，才有我今天寫那麼多劇本並拍了影片。現在這篇文章收藏在臺南的國家圖書館。去年七月三民書局找我要這篇文章編作教材，只可惜晚了一步！當時我人在歐洲參加國際藝術節交流！後來聯絡到三民書局的負責人，他說沒有關係以後有機會！

3. 船長你也是詩人，你從何時開始寫詩？你認為你的作品那一首詩最好？請作簡單說明。

答：近幾年我詩詞創作超過 3000 多首，我的作品都內心有感覺、感動才寫，因此有感情、有含意、也帶浪漫！每一首詩詞我都很喜歡很難取捨，這 3000 多首詩詞當中有現代詩、也有近體詩、和古體詩。一定要舉例，我特別喜歡的，我就來找幾首和您分享……（拿書給我）近幾年我也同時創作多首歌曲，歌詞就是我的詩！有一首盼（歌詞）作詞、作曲是我，我創作的歌曲拿去比賽還有得過獎的，前年我們拍的影片「同學我愛妳」，前天報名參加 MOD 微電影創作大賽，編劇、導演都是我自己！希望能得獎。

4. 問：刺丁晚為海洋文學之作，漁事題材，請問：書寫傳統鏢刺漁業過程，由少年林福蔭一路追逐丁挽，本文書寫位置在三貂角、鼻頭角、雞籠嶼等東北角海域，為八斗子漁港最常作業的海域。過去東半部北起基隆八斗子漁港，南至屏東後壁湖漁港均能看見鏢魚船，然而，因沿海魚類資源快速枯竭，為漁業永續發展，鏢旗魚作業已完全停擺、甚至消失，因此刺丁挽，只能在回憶中，是這樣嗎？

答：很好，謝謝，您有用心看我的作品。

5. 問：本文書寫位置在三貂角、鼻頭角、雞籠嶼等東北角海域，為八斗
　　子漁港最常作業的海域。鏢刺漁業為臺灣黑潮流域所特有，深具漁
　　業文化價值；以上所說地點，正確嗎？

答：正確，現在臺東成功那個漁港，還有人在作業。

6. 問：是合法嗎？所以刺丁挽，未完全消失嗎？

答：刺旗魚臺東那邊應該是合法的。

7. 問：基隆不合法嗎？還是沒丁挽魚了，所以才停止作業？

答：鏢旗魚作業沒有完全消失、只是現在沒有專業經營，合法的，只要
　　執照上有登記就可以。

8. 問：鏢旗魚作業沒有完全消失、只是現在沒有專業經營，是因無專業
　　人才經營嗎？

答：鏢丁挽需很厲害的人，培訓也不容易，這樣說：一方面旗魚資源少、
　　再另方面要當鏢手不是隨便就可以的，他要具備五大條件：
　　（1）好眼力（2）好體力（3）反應快（4）有膽識（5）命中率高！
　　有這種條件的人少，因此早期專業捕旗魚船的鏢手，都會比一般船
　　員多分到 50%或者 100%的紅利金。每個人都覺得能夠以當鏢手為
　　傲。

9. 問：所以，是無人才，才無法經營，對嗎？

答：原來具備有 5 項條件的人已經老了，嗯，後繼無人。

10. 問：除了詩作，你還有其他研究作品嗎？

答：〈臺灣東北部近海潮流動態研究——潮汐與流〉，這是根據我多年海
　　上經驗所做的研究，海大教授很肯定我的研究，海洋大學也把我這
　　篇研究收入圖書館典藏。

附錄三　基隆文學史年表（1626～2019）初編

年	文學重要事件	時　事
1626（天啟六年）		5月　西班牙於今基隆和平島舉行佔領儀式，並開始建築聖薩爾瓦多城。
1632（崇禎五年）		西班牙人溯淡水河入臺北平原，並沿河闢淡水直達雞籠的陸路交通，招撫沿河「番社」。
1641（崇禎十四年）		荷蘭人攻雞籠、淡水，西班牙人堅守，無功而返。
1642（崇禎十五年）		西班牙退出臺灣，佔領北臺灣共17年。
1661（永曆十五年		鄭成功征臺，荷蘭人投降，召回淡水、雞籠守軍。
1668（永曆二十二年		荷蘭人自基隆撤離，至今在和平島還有荷蘭人臨走前所留下的「蕃字洞」遺跡。
1681（永曆三十五年）		清兵謀攻臺灣，鄭克塽命左武衛將軍何祐為北路總督，率兵戍守雞籠、淡水。
1682（永曆三十六年）		8月　雞籠山原住民之亂，鄭克塽令通事招撫。
1683（康熙二十二年）		清將施琅攻臺灣，克澎湖，鄭氏北路總督何祐以雞籠、淡水降清。

1684（康熙二十三年）		臺灣正式納入清朝版圖之初，設有臺灣府，隸福建省，下置臺灣、諸羅、鳳山三縣，而雞籠歸諸羅縣管轄；後來的雞籠改隸淡水廳。
1692（康熙三十一年）	高拱乾搭乘橫洋船巡視在海上時，遠遠看到臺灣北部雞籠積雪的景觀。	
1696　清康熙三十五年）	《臺灣府志》中，雞籠積雪為臺灣八景之一	
1697（康熙三十六年）	郁永河來臺灣採礦，著《裨海紀遊》，詳細記載臺灣風土民情。	
		17世紀時，西班牙人和荷蘭人曾先後佔領過基隆，並以「大雞籠嶼」（今和平島）為基地殖民臺灣北部，為雞籠開發之始。
1714（康熙五十三年）		諸羅知縣周鍾瑄北巡，至雞籠、淡水，登八里坌山（今觀音山）。
1723（雍正元年）		有漳州人，從八里坌一至雞籠虎子山腳（今中山一路），之後再遷徙至嶺仔頂（今孝一路中段），漸漸形成聚落而後基隆漢人第一條老街。 增設的淡水廳。
1837（清道光十七年）		英人載鴉片入雞籠易樟腦，閏七月到滬尾，泊港三個月之久。
1840（道光二十年）		清英鴉片戰爭，英艦窺臺，於是加強滬尾、雞籠防務，增滬尾砲位。
1841（道光二十一年）	金雞貂租穀曉示碑，證實漢番租賃關係。	鴉片戰爭波及臺灣，英艦納爾不達號在基隆港觸礁，被清軍擊沉。
1848（道光二十八年）		英船抵雞籠，勘查附近煤礦。
1849（道光二十九年）		4月21日　美國東印度艦隊司令派遣船隻抵臺，5月5日抵達雞籠港，取得優質煤炭樣品。
1851（咸豐元年）		8月　雞籠的漳州、泉州人在魴頂（今南榮公墓）激烈格鬥，慘死108人，為本市開發史中最悲慘事件。

1854（咸豐四年）		美艦抵達基隆附近，調查臺灣煤礦資源。 7月　本市的漳泉仕紳為徹底革除械鬥惡習，並超渡抵抗西、荷的烈士、孤魂，決定沿襲中原本土普渡醮祭，「拼陣頭代替打破頭」，為基隆中元普度籌劃之始。
1855（咸豐五年）		雞籠正式舉辦中元祭典儀式，第一次以中土規模盛大舉行。 周印率鄉人抗法。
1859（咸豐九年）	北管興義軒創立。	
1863（同治二年）		雞籠正式開港。
1865（同治四年）	李逢時創作雞籠八景詩。	
1867（同治六年）		基隆大海嘯。
1875（光緒元年）	雞籠易為「基地昌隆」，基隆地名正是產生。	將淡水廳撤銷，就其原疆域設立「臺北府」，下轄「新竹縣」、「淡水縣」、「噶瑪蘭廳」和「基隆廳」等。
1876（光緒二年）		基隆煤礦正式開採，採用直井機械開鑿礦井。
1877（光緒三年）		開採北投及金包里（今金山）的硫磺礦。
1881（光緒七年）		福建巡撫岑毓英派撥蒸汽船一艘，定期由基隆、淡水航行福州。
1883（光緒九年）		清法戰爭爆發，為加強臺灣海防，重修滬尾、基隆砲臺。
1884（光緒十年）		6月15日　中法戰爭波及臺灣，法國軍艦砲擊基隆，毀社寮島砲臺。劉銘傳來臺，督導臺灣防務。
1885（光緒十一年）		1月28日　法軍攻下獅球嶺，清軍退守基隆河南岸。 9月5日　清廷宣布臺灣建省，以劉銘傳為第一位巡撫，劉銘傳開始建設臺灣，經濟快速成長。
1886（光緒十二年）	設立「西學堂」、「番學堂」等機構。	劉銘傳修建基隆港，建港之始。 大嵙崁番抵抗官府，劉銘傳率兵征討。 施九緞事件。

1887（光緒十三年）	寓臺詩人張士瑜遊歷基隆仙洞。	
1888（光緒十四年）	基隆廳，轄領「金基貂石」四堡。	2月　由基隆、滬尾通臺南的電線竣工。
1889（光緒十五年）		11月　臺灣首任巡撫劉銘傳，基隆獅球嶺鐵路隧道竣工，在南隧道口上端石壁親題「曠宇天開」。
1890（光緒十六年）		劉銘傳去職。 完成臺北－基隆鐵路工程。
1892（光緒十八年）		2月1日　開設臺灣金沙總局於基隆，並於暖暖、四腳亭、瑞芳、頂雙溪等地設立分局。
1893（光緒十九年）	舉人江呈輝奉准創辦「崇基書院」。	邵友濂完成臺北－新竹鐵路工程。
1894（光緒二十年）		7月　爆發甲午戰爭。
1895（光緒二十一年） （明治二十八年）	崇基書院創立，臺灣被迫割讓日本，旋崇基書院亦遭廢校。	4月　清廷與日本簽訂馬關條約，割讓臺灣。 5月　臺灣民主國成立，巡撫唐景崧為總統，建元永清，5月10日，日本任命海軍中將樺山資紀為臺灣總督府，負責接收臺灣、澎湖，5月18日，日軍奪滬尾及基隆港，並派兵偵察八里坌，5月29日，日軍從澳底登入。 6月3日，獅球嶺與基隆一起落入日本手中，6月11日，日軍進入臺北城。
1896（明治二十九年）	日本人石坂莊作來臺。	3月　日本政府公佈「法律六三號」。 10月　頒布「臺灣紳章條規」，欲藉紳章制度強化「尊士」政策的推動，收買士紳。
1897（明治三十年）	日本人石坂莊作受雇於《臺灣日日新報》。	

1898（明治三十一年）	5月 《臺灣新報》與《臺灣日報》合併，改名為《臺灣日日新報》。 7月 臺灣總督府制定臺灣公學校令。 凱達格蘭（Ketanganan）一詞，是由伊能嘉矩所提出。	
1899（明治三十二年）	石坂莊作受雇於《臺灣日日新報》，被派往基隆經銷報紙。 3月 石坂莊作出版《臺島踏查實記》。 兒玉源太郎，在別墅「南菜園」邀宴全臺詩人。	基隆港築港工程正式動工。
1900（明治三十三年）	3月 兒玉源太郎主持、舉辦「揚文會」。	森丑之助，與鳥居一起調查基隆獅球嶺出土的石器。
1902（明治三十五年）	4月 公佈「臺灣小學校規則」。	
1903（明治三十六年）	石坂莊作創立「基隆夜學校」，自任校長。	
1905（明治三十八年）	民政長官後藤新平於官邸「蔦松閣」落成時，舉辦徵詩活動，與臺籍人士相互唱和。 綠竹齋書房設立。	
1906（明治三十九年）		4月 左久間久馬太繼任臺灣總督。 鱟公嶼於基隆築港第二期工程中挖除、鱟母嶼則因填海造陸成為基隆市區之一部分。
1908（明治四十一年）		打狗到基隆鐵路全通。
1909（明治四十二年）	石坂莊作在基隆創設私立圖書館。	
1910（明治四十三年）	西川滿三歲，隨家人來臺，住於基隆。	
1911（明治四十四年）	3月 梁啟超由日本訪問到基隆。	
1912（明治四十五年～大正元年）	11月 顏雲年舉辦全臺首次詩人大會，之後並出版全臺詩人大會的首冊詩集《環鏡樓唱和集》，並成立「瀛、桃、竹」三社聯吟，公推顏氏為首任社長。	1月 中華民國成立。

1914（大正三年）	全臺詩人大會假基隆環鏡樓舉行。	7月　第一次世界大戰爆發。
1916（大正五年）	新高新報社成立。	基隆港貿易額超過淡水港，成為全臺首要的貿易港口。
1917（大正六年）	1月　胡適於《新青年》雜誌一月號發表〈文學改良芻議〉，陳獨秀繼之於二月號發表〈文學革命論〉，文學革命運動自此展開。 石坂莊作編撰《基隆港》一書出版。 許梓桑，在大正六年之前，已完成「基隆八景」詩。	
1919（大正八年）	5月　北京學生展開「五四運動」。 10月　田建治郎為臺灣總督，是首任文官總督。 顏雲年舉辦第二次全臺詩人大會，顏雲年的名園別墅「陋園」，擴建竣工。	
1920（大正九年）	周金波生於基隆市。	第一家書店「新原書店」開張。
1921（大正十年）	第八任總督田健治郎在官邸與全臺詩人五十餘人茶敘賦詩，自賦一首七言絕句，並集結成《大雅唱和集》。 「小鳴吟社」成立，成為雨港有史以來第一家傳統詩社。	二萬噸級巨輪「太陽號」駛入基隆港。
1922（大正十一年）	1月　陳端明〈日用文鼓吹論〉掀起臺灣白話運動的序幕。	
1923（大正十二年）	2月　顏雲年病逝。 小鳴吟社併入瀛社，易名為瀛社基隆分部。	
1924（大正十三年）	4月　日人久保田章擔任顏雲年生前主編第二冊詩集《陋園吟集》的發行人。 11月　張我軍發表〈糟糕的臺灣文學界〉，第一次新舊文學論爭。 基隆高女，基隆第一所公立中等學校。	7月20日　於基隆濱町（八尺門）設立全臺第一座珊瑚市場，「珊瑚」與「鰹魚」變成當時基隆海產業的代表圖騰。 「基隆市」一詞首度出現，隸屬於臺北州基隆郡。

1926（昭和元年）	基隆復旦吟社創立。 12月 顏國年著《最近歐美旅行記》付梓，為全臺第一冊環球遊記。	
1927（昭和二年）	倪蔣懷，設立臺灣最早的美術研究社。	
1930（昭和五年）	8月 黃石輝發表〈怎樣都不提倡鄉土文學〉，引發鄉土文學論戰。 10月30日 《詩報》桃園詩人周石輝，創刊於桃園，後由基隆人接手。	
1931（昭和六年）	「謎面」首度出現於《詩報》。 《基隆誌》一書，是基隆市第一本中文版的專志，作者簡萬火。 大同吟社創立。	基隆田寮港運河開通。
1932（昭和七年）	10月15日起，《詩報》轉交給基隆籍的張朝瑞、張元林父子發行。 11月 臺灣總督府下令禁止開設漢文書房，臺人不能再公開學習中國語文。 基隆文庫更名為市立基隆圖書館。	
1933（昭和八年）	11月 詩學會舉辦全國詩人聯吟會。 日本商人柏野正次郎創設「古倫美亞」（Columbia）唱片公司，臺灣業者隨即跟進，正式揭開臺灣流行歌工業的序幕。 11月6日 東壁書畫會成立。	番刀佩用限制令。
1934（昭和九年）	10月 西川滿編，媽祖書房發行《媽祖》。 「臺灣文藝聯盟」成立，幾乎全省作家皆參加此一組織，是年發行「臺灣文藝」。	基隆正濱漁港竣工。
1935（昭和十年）	1月 臺灣文藝協會發行《第一線》（全一號）。 陳炳煌初版第一本漫畫集「雞籠生漫畫集」。	完成橫跨「八尺門水道」的基隆橋，即和平島。

1936（昭和十一年）		八斗子火力發電廠興建，臺灣船渠株式會社（基隆中船總廠前身）成立。
1939（昭和十四年）	9月　西川滿發起臺灣詩人協會，龍瑛宗任文化部委員。 西川滿創辦民俗研究誌《臺灣風土記》，創辦詩誌《華麗島》。 李碩卿著《東臺吟草》付梓。	5月　臺灣總督小林躋造對記者稱：治臺重點為「皇民化」、「工業化」、「南進化」。
1940（昭和十五年）	1月　西川滿等人籌組「臺灣文藝家協會」，發行《文藝臺灣》。	2月　臺灣推行改姓名運動、寺廟整理。
1941（昭和十六年）	1月　改組「臺灣詩人協會」，設立「臺灣文藝家協會」，發行《文藝臺灣》。 3月　公佈修正臺灣教育令，廢止小學、公學校，一律改為國民學校。 《文藝臺灣》第2卷第1號，刊登周金波的處女作〈水癌〉短篇小說，及第2卷第6號的〈志願兵〉。 張文環等創辦《臺灣文學》，與《文藝臺灣》對壘。	
1942（昭和十七年）	《尺的誕生》，周金波在《文藝臺灣》發表的小說。 6月　周金波榮獲第一回「文藝臺灣賞」桂冠，從此聲名大噪，當年他的諸多小說創作，全用「日文」書寫。 11月　西川滿、濱田隼雄、龍瑛宗、張文環等赴東京參加第一屆「大東亞文學者大會」。	4月　臺灣特別志願兵制度實施，強迫臺籍青年參軍的南洋戰場。
1943（昭和十八年）	2月　皇民奉公會文學獎頒予西川滿〈赤崁記〉。 8月　周金波參加第二回「大東亞文學者大會」。 10月　《文藝臺灣》、《臺灣文學》停刊，合併成《臺灣文藝》發刊。 11月　「臺灣決戰文學會議」於臺北公會堂召開，日臺作家六十餘人參加，西川滿提議將文學雜誌納入「戰鬥配置」。	8月　朝鮮、臺灣實施海軍特別志願兵制度。

1945（昭和二十年）	大同吟社首任社長許梓桑羽化後，公推陳其寅主篆第二任社長。 市立基隆圖書館於二次大戰中被炸毀。	基隆市政府正式成立，設基隆為省轄市。 10 月　臺灣行政長官公署正式成立，陳儀擔任首任行政長官。 12 月 3 日　基隆郡接收完成，朱正宗兼代郡守。
1946	8 月　鍾浩東任基隆中學校長。 9 月　中等學校禁止使用日文。 10 月　行政長官公署通令全面廢止報刊雜誌之日文版。國民政府實施「推行國語，禁用日語」。 11 月　汪玉岑著新詩集《卞和》，由紀秋水發行，基隆新力出版社出版。 12 月　臺灣行政長官公署宣傳委員會出版一冊《臺灣一年來之宣傳》，臺中、花蓮、屏東、高雄、臺南、彰化、基隆等七縣市，焚燬書籍「約有一萬餘冊。」 基隆文化館成立。 戰後基隆第一家書局石鶴書局開業。 基隆《自強報》寶島副刊僅存在於 8 月至 12 月。	5 月 6 日　基隆發生霍亂，並開始全面防疫以遏止蔓延。
1947	基隆市立民眾教育館成立。	2 月　公賣局取締私煙，於大稻埕引起騷動。
1948	顏敘賢創私立光隆高職。 基隆市立圖書館成立。	1948 年起開始推行國語運動。
1949	中華民國到臺灣，政治氣氛正盛，處處有還我河山、反攻大陸，反共文學興起。	實施戒嚴令。 4 月　臺大、師院「四六學生運動」發生。
1950	9 月 5 日，基隆「民鐘日報」創刊，後改名「民眾日報」。 10 月 14 日，前基隆中學校長鍾浩東先生，坦然就義。	6 月 13 日，公布「戡亂時期檢肅匪諜條例」。 韓戰爆發，美國第七艦隊協防臺灣海峽，船隊進出基隆港。
1951		謝貫一當選基隆市長。
1952	基隆市政府成立基隆市文獻委員會。	

1953	基隆市志始編纂《基隆市志》。寓居雨港的新一批大陸籍人士，創立「海風詩社」。	
1955	蔣介石提出「戰鬥文藝」的號召，發行的《革命文藝》謝冰瑩擔任該刊的編輯委員。	
1956	葉俊麟完成〈舊情綿綿〉歌詞。1 月 基隆市「東方日報」宣布休刊。	
1957	葉俊麟完成〈淡水暮色〉歌詞。	
1958	5 月 胡適以「中國文藝復興運動」為題，主張「人的文學」、「自由的文學」，以恢復五四文學革命的精神。	
1959	《基隆市志》全部出刊完畢。	
1961	周枝萬全國詩人大會冠軍。	基隆港外港擴建工程動工。
1963	6 月 羅慶雲創辦臺灣第一家謎學會「基隆市謎學研究會」。	
1964	臺灣本土第一冊研究燈謎書籍《雨港春燈》付梓。10 月 25 日 基隆市「東方日報」休刊後，易名「臺灣日報」。周枝萬全國詩人大會冠軍。	1 月 日本電影停止放。
1966	發行《中華燈謎旬刊》，行銷至全臺各地。1 月 陳讚珍著《敝帚室集》，由其後人自行出版。	1 月 24 日 基隆市大世界電影院，散場時因擁擠踐踏，造成 7 死 8 傷。3 月 中共文化大革命開始。
1967	國民政府大力提倡中華文化復興運動。	
1968	臺灣東北六縣市詩人大會創設。	
1969	第二屆臺灣東北六縣市詩人大會。	臺北縣瑞芳鎮侯硐瑞三煤礦瓦斯爆炸，礦工 21 人死亡，59 人受傷。
1970		8 月 日本將釣魚臺列入領土範圍，引起國府抗議。

1971	1月　「龍族詩社」正式成立，有基隆人蕭蕭、林煥彰、喬林等參與。 3月　《龍族詩刊》創刊，共出刊十六期。 10月31日　出版全臺唯一的謎學紀念刊物，《雨港春燈》第二集。	1月　旅美學生為維護釣魚臺主權舉行示威，爾後國內響應，是為「保釣」事件。 基隆煤礦公司七星坑礦場災變，42名礦工罹難。 10月　臺灣退出聯合國。
1972	2月　關傑明於人間副刊公開批評葉維廉《中國現代詩選》、張默主編《中國現代詩論選》、洛夫主編《中國現代文學大系》等三書缺乏現實意識，隨後引發現代詩論戰。 雙春吟社前身是基隆長春俱樂部（退休公職人員之組織）。 4月　喬林詩集「基督的臉」由林白出版社出版。	4月18日　電信局宣布，基隆用戶是長途直撥電話，自4月30日起開放。 9月　日本與中共建交，我與日本斷交。
1973	《中華燈謎旬刊》，改為《中國謎苑雜誌》（旬刊）。	基隆港內港改建工程全部完工啟用。
1974	基隆民眾日報社，舉辦基隆八景徵選活動。	基隆文化館落成，敘述基隆主普壇沿革與地方掌故。
1975	4月　「龍族詩刊」第十四期初版，本期特闢「鑼鼓陣」專欄，討論「我們需要怎樣的詩」。 5月　《草根詩刊》創立。 9月　羅青詩集「神州豪俠傳」，由武陵出版社出版。	八斗子漁港動工興建，八斗子煤礦全部停採。
1976	王拓第一部小說《金水嬸》出版。	
1977	5月29日　大同吟社夏季吟會。 8月　余光中發表〈狼來了〉一文於聯副，認為鄉土文學作家即在提倡「工農兵文藝」，點名批判陳映真、尉天聰、王拓等人，掀起「鄉土文學論戰」。 9月　王拓〈擁抱健康的大地——讀澎哥先生「不談人性、何有文學」的感想〉，首先反擊對鄉土文學的批判，刊於聯副。	科威特郵輪「布拉哥號」在基隆外海擱淺，漏油嚴重汙染海岸及港域。 12月　年底「中壢事件」爆發。

	10 月 2 日　第十屆臺灣東北六縣市擴大全國詩人聯吟大會。 12 月　羅青詩集「捉賊記」，由洪範書店出版。 邱天來著《海門逸韻》出版。 杜批雲《風雨海上人》出版。 東年《落雨的小鎮》出版。	
1978	1 月　「國軍文藝大會」上，總政戰部主任王昇強調要團結鄉土，鄉土之愛擴大，就是國家之愛、民族之愛，為「鄉土文學論戰」暫時畫上一個休止符。	7 月 14 日　基隆海關將 1972 年沒收之 73 件古董移贈故宮博物院。
1979	11 月　「陽光小集」詩社成立，成員包括陌上塵、向陽等，創辦季刊共出十三期。 基隆市青壯派讀書人共組「基隆詩學研究會」。（以下簡稱詩學會）	1 月　美國宣佈與中共正式建交，並與中華民國斷交。 「美麗島事件」發生。
1980	4 月　林煥彰、舒蘭等人創辦「布穀鳥兒童詩學叢刊」創刊。 10 月　鄭愁予詩集「燕人行」，由洪範書店出版。 11 月 30 日　舉辦基隆市詩學研究會成立週年聯吟大會，擊缽詩題「早梅」，象徵詩家堅毅精神。 蕭蕭、楊子潤合編「中學白詩詩選」，由故鄉出版社出版。	
1981	基隆女子吟社班成立。 3 月 29 日　第 14 屆臺灣東北六縣市擴大為全國性聯吟大會。 5 月　蔣勳第二本詩集「母親」，由遠流出版社出版。 10 月 30 日詩學會分別舉辦燈謎晚會兩晚，11 月 01 日舉辦詩人聯吟大會，詩題「雞峰望神州」。 11 月 12 日　《雨港春燈》第三集付梓。	
1982	10 月　詩學會於三峽鎮中興社區活動中心擴大聯吟會。 12 月　「基隆市基層藝文活動暨基隆市詩學會成立三週年」詩人聯吟大會，詩題：「海門冬曉」。	

1983	基隆舉辦第一次全國性燈謎大會。 2 月　詩學會舉辦秋季詩人聯吟會，以首場「海門冬曉」次唱「秋江」為題。	
1984	5 月　第九屆國家文藝獎，詩歌類得獎者：向陽詩集「種籽」。 8 月　由「臺灣詩季刊」主辦的「第一屆臺灣詩獎」得獎者：劉克襄。 雙春吟社定名	1984 年左右因煤礦災變頻繁傳，政府下令礦場關閉。 臺北縣瑞芳鎮煤山煤礦發生災變，22 人遇救生還，102 人罹難。 1984 年 11 月 2 日　基隆市七堵區福基煤礦發生災變，2 人死亡，11 人受傷。 中元祭乃為端正禮俗，改善民俗風氣，發展觀光事業，民間與官方遂定名為「雞籠中元祭」。
1985	11 月　詩學會舉辦全國詩人聯吟大會。 《光復後臺灣地區文壇大事紀要》：行政院文化建設委員會出版。	基隆市文化中心落成啟用，基隆市立圖書館併入基隆市文化中心。
1987	10 月 31 日　第 20 屆臺灣東北六縣市擴大為全國性聯吟大會，在基隆舉辦。 11 月　詩學會以「千歲鶴」為題，慶祝周植夫七秩壽慶舉開吟會。	7 月　戒嚴令解除。 11 月　開放大陸探親。
1989		「海門天險」砲臺進行修護，呈現今樣貌。
1990		11 月 7 日　行政院衛生署在基隆、臺北、臺南、宜蘭四區試辦緊急醫療救護網。
1991	1 月 4 日　臺灣史文獻委員會分組召開基隆市耆老口述史料座談會。 陳祖榮詞作選《楚雲吟草》付梓。	
1992	陳其寅詩文著作，由基隆文化中心出版《懷德樓文稿》1 套 2 冊。 8 月詩學會輪辦鼎社第 10 屆詩人聯吟會，慶祝「雞籠中元祭」活動。	
1993	11 月 7 日　詩學會舉辦第 26 屆全國詩人大會。	

	陳其寅詩文著作，由基隆文化中心出版《懷德樓詩草續集》。	
1994	2 月　詩學會承辦藝文活動與承辦藝女吟詩班。 2 月　舉辦「東北六縣市詩人聯吟大會」，詩題「元宵觀燈遊基隆」。 11 月　詩學會十五周年紀念暨北部四縣市（含鼎社）詩人聯吟大會，首唱詩題「雨港風情」，次唱「國父精神」。 葉俊麟榮獲第 6 屆金曲獎。	
1995	2 月　詩學會舉辦春季詩人聯吟會，詩題「燈節話基津」。 《重修基隆市志》開始著手籌畫。	
1996	4 月　《重修基隆市志》開始進行編纂。 5 月　暖暖古今名人碑林立碑。 全國文藝季暖暖采風——靈義郡傳奇。 陶一經詩書畫著作，由基隆文化中心出版《陶一經作品集》。 黃漢英詩書畫著作，《紅淡山房集》付梓。	
1997	2 月　詩學會舉辦東北六縣市詩人聯吟大會，詩題「元宵吟詠賽雞籠」。 3 月 4 日　大同吟社復社，並舉辦首次吟詩會。 4 月　雨港「詩學才子」周植夫著《竹潭詩稿》，由基隆市文化基金會出版。 王富美、邱素月參與全臺社吟組傳統詩吟唱大賽，榮獲冠軍。 唐羽編纂《魯國基隆顏氏家乘》，被學者專家譽為臺灣近代「譜系學」的集大成。	

1998	3月6日　《周金波日本語作品集》在東京付梓。 陳兆康、王前編撰《雨港古今詩選》出版。 王富美、邱素月參與全臺社吟組傳統詩吟唱大賽，榮獲冠軍。	
1999	10月31日　第32屆全國詩人大會。 12月20日　基隆社區大學正式開辦。	
2000	11月　詩學會會員大會暨鼎社43次聯吟會。	5月2日　八堵至羅東鐵路電氣化工程完工，通車典禮。
2001	雞籠中元祭獲選為「交通部觀光局十二項大型地方節慶活動」主題項目之一。 10月　《破浪吟草——張添進先生別集》付梓。 《重修基隆市志》大功告成。	
2002	4月21日　由大同吟社第三任社長陳德潛主持「大同吟社70週年慶」。 4月　蔣孟樑自行付梓《蔣夢龍詩書彙集》一集。 6月2日　詩學會主辦「鼎社」第49次詩人聯吟會，並出版詩集1冊。 陶一經詩書畫著作，由基隆文化中心出版《味雨集》。 黃鶴仁，成立「網路古典詩詞雅集」，並在網路發行《詩訊電子報》，第一位將基隆古典詩學、舖在「網際網路」拓廣至全球，與國際古典詩壇接軌。 《周金波日本語作品集》中文版譯在臺灣發行。 曾子良完成《基隆市文學類資源調查成果報告書》 謝森發自行付梓個人古典詩的創作集，題為《春草山房集》。	基隆港有史以來最大的靠港輪船、全世界排名第二的英國籍「星辰公主號」豪華郵輪，首航泊靠基隆港，總噸位十萬九千噸。

2003	基隆市文化局舉辦第一屆海洋文學獎徵文比賽。 大同吟社結束。 基隆社區大學 2003 年藝文祭徵詩比賽活動。 由基隆市詩學研究會編著《海門擊鉢吟集第四集》發行。	
2004	11 月 24 日　基隆市政府主辦「基隆市海洋文學獎」揭曉，散文類首獎歐明慧〈爸爸的海〉、現代詩類首獎黃信恩〈跨海大橋〉。	
2005	3 月　鄭愁予應東華大學創作與英語文學所邀請，擔任駐校作家。 5 月　中國文藝學會舉辦「第 46 屆中國文藝獎章」，鄭愁予獲榮譽文藝獎章。 劉克襄，〈走路是一種生活態度〉，《誠品好讀》，5 月（54 期）。 6 月基隆市文藝創作營，基隆市政府主辦，於基隆市文化中心舉行。 8 月 24 日　第 38 屆全國詩人大會。 11 月 1 日　基隆市政府主辦的「第三屆基隆海洋文學獎」揭曉，歌詞類首獎葉蓮鵬〈討海人〉、劇本類首獎徐憶梅〈夢遊海岸〉，共計 26 人獲獎。 蔣孟樑詩書聯著作，由基隆文化局出版《蔣夢龍百聯創作集》。 陳祖舜榮獲「全球中華文化藝術薪傳獎」	
2006	11 月 1 日　基隆市文化局舉辦「第 4 屆海洋文學獎」得獎名單揭曉，公車短詩首獎陳茂賢〈漁港新娘〉、公車短文首獎裴學儒〈吐〉、童話故事首獎謝宇棻〈海洋搬家〉，共計 33 人獲獎。 黃漢英詩書畫著作，付梓《漢英詩書畫集》。	6 月基隆獅球嶺鐵路隧道，基隆市政府正名為「劉銘傳隧道」。

2007	《2007 臺灣作家作品目錄》基隆被評定的作家有系統列入的基隆作家有：王正國（臺灣作家）、王學敏、玄小佛（本名：何隆生）、宇文正（本名：鄭瑜雯）、安克強、朱振藩、江上秋（本名：陳春華）、周金波、林育涵（本名：林育丞）、林佩芬、高大鵬、連水淼、陳家帶、陳萬軍、陳碧月、陳稼莉、陳輝龍、董雲霞、滿濟法師、劉依萍、劉洪順、盧非易、蘇友貞、蘇白宇、續美玲等。 八斗子籍的船長林福蔭，將其討海 40 多年的經驗與感受，著成詩畫，並付梓成書，成為一位船長作家。著有《希望的海》。	
2008	6 月　基隆市野鳥學會創會會長沈振中，作國內第一本《老鷹畫冊》。 「第六屆基隆海洋文學獎」古典詩第一名是陳祖舜。 9 月　蔣孟樑自行付梓《蔣夢龍詩書彙集》二集。	1 月 29 日　「雞籠中元祭」，由行政院文化建設委員會指定為「國家文化資產」之國定重要民俗。 2 月　基隆慈雲寺已連續 27 年舉辦元宵藝文活動。 基隆文化局連續 4 年舉辦「基隆元宵炮獅活動」。 3 月　基隆市 228 受難者家屬舉辦海祭，將菊花擲入基隆港邊大海中，表示對親人的悼念。 3 月　巴拿馬籍海洋迎風號郵輪第 3 度載 1900 名歐美觀光客，今年應有 19 艘五星級郵輪抵基隆港。 4 月　基隆市野鳥學會發起「老鷹尋根計畫」。 4 月　馬來西亞麗星郵輪，今年安排噸位最大的「處女星號」76800 噸，進行 4 趟香港、基隆間的特別航程。 6 月　法籍帆船吉塔娜 13 號（GITANA 13），晚間抵達基隆碧砂漁港，準備挑戰基隆至香港的亞洲紀錄賽。

		仿自明代古戰船「太平公主號」帆船，上午駛抵基隆市碧砂漁港，一行 9 人訂於 23 日將從基隆啟航，橫渡太平洋，挑戰無動力中華古帆船，往返美洲的世界紀錄。 基隆文化局今年將進一步規劃「暖暖文化地景河川博物館」，希望將文化地景與觀光結合，成為基隆市的地標之一。 7 月　基隆市府交旅處仿照美國的好萊塢，在太平國小山坡上，設置「KEELUNG」字樣，夜晚有 LED 燈光照耀，將基隆之名，閃亮在雨港夜空。 雞籠中元祭被文建會評選為「全國第一個重要民俗祭典」，並全程拍攝成紀錄片以供建檔，也是基隆第一個推向國際舞臺的最重要民俗慶典。 12 月　基隆市野鳥學會在基隆港邊舉辦「港口賞老鷹」活動。
2009	11 月　邱天來自行付梓，題為《海天詩草》。 邱天來〈千疊敷遠眺〉榮獲全國詩選亞軍。 陳德潛著《基隆瑣憶》，此書榮獲國史館臺灣文獻館的「出版文獻獎」。	文建會舉辦建置「古典詩讀書會」部落格比賽。
2010	陳青松著《基隆古典文學史》出版。 邱天來詩集著作，《杜詩彙評淺釋》問世。	文建會舉辦「大家來讀古典詩」部落格徵選活動。
2012	詩學會舉辦詩人節聯吟會，以「發展基隆觀光」為首唱詩題，次唱「懷屈」。	
2014	詩學會春日舉辦「蘭陽一日遊」，並造訪蘭陽詩老吳舒揚、吳浩然賢昆仲。	年底，行政院前院長江宜樺率交通部長、國防部長在東五碼頭召開記者會，宣布軍港遷移到西岸，東岸碼頭轉型為遊憩都會，港岸大利多。

2015	1月26日　冷氣團衝破北極圈，由西伯利亞竄出，造成臺灣中部以北低海拔地區大雪紛飛，基隆積雪重現。 6月　基隆市詩學研究會榮獲臺灣省政府表揚績優詩社。	6月　基隆新火車站啟用。 文化局自2015年起辦理向大師致敬系列活動。
2016	金馬獎導演李祐寧、虞勘平帶領的崇右影視傳播系、演藝事業系，在基隆文化中心舉辦「春萌2勢力大暴走」舞臺劇公演，藉由小人物情愛回憶、夢想追逐，重新感受到基隆這塊土地的濃厚人情味。 邱天來《基隆詩學發展史》出版。 基隆社大承辦基隆市推動基隆學學術研討會，中場邀請國寶說唱家──楊秀卿，到場演唱。	3月　臺灣二二八關懷總會與基隆市二二八關懷協會等在基隆港舉辦追思活動。 4月　四大國際郵輪公司，包含皇家加勒比國際遊輪公司的「海洋航行者號」、公主郵輪「藍寶石公主號」歌詩達郵輪公司的「維多利亞號」及麗星郵輪公司的「寶瓶星號」由基隆出發的海上行程。 基隆建港130年。 基隆為臺灣排名第四大港，首次被臺北港超越。 基隆市客家文人協會在靈泉禪寺開山堂前大停車場，舉辦客家桐花祭「桐遊基隆、客嘉年華」。
2017	3月　「基隆青年」文學獎徵文 4月　梓桑文化祭。 11月28日　基隆市海東書會會員聯展「墨韻詩情·墨海騰龍」，作自己的詩，寫自己的字。 《雞籠霧雨》第四刊主題：基隆通勤族的通勤故事。	民視文學劇《外鄉女》基隆老宿舍開拍。
2018	《海港的貓》以童趣圖畫，道出基隆的美麗、憂愁與希望，基隆市文化局出版。 基隆青年文藝金點獎創作比賽──點子秀，為鼓勵青年學生文學及藝術創作風氣，提升校園文藝創作水準。主辦單位：救國團基隆市團委會。	9月　基隆港口藝術雙年展－問津。
2019	4月15日　向葉俊麟、周金波致敬　基市催生名人藝文博物館或紀念公園。	6月25日　「基隆嶼」正式開放個人登島。 6月　基隆海洋老鷹嘉年華

4月 「世界閱讀日」，基隆市文化局承辦基隆文學地圖活動。 12月22日 基隆區小狀元經典會考。 12月 《108年基隆海洋文學獎——得獎作品集》，作者：曾元耀、蕭丞晛、高自芬、蔡澤民、蔡文騫等，基隆市文化局出版。 魚夫著《雨的布魯斯——咱的基隆好生活》，基隆市文化局出版。	12月31日 基隆協和電廠是全台唯一使用重油做為燃料的發電廠，也是基隆市最大的污染源，一、二號機組昨晚八點封爐。

資料來源：

1. 張勝彥編，《臺灣全志》卷一·大事志，南投：臺灣文獻館，2004年。

2. 邱天來，《基隆詩社發展史》，基隆：基隆市立文化中心，2016年12月。

3. 陳青松，《基隆古典文學史》，基隆：基隆文化局，2010年12月。

4. 基隆市文獻委員會編纂《基隆市年鑑》。

5. 戴寶村，《臺灣的海洋歷史文化》，臺北：玉山社，2011年1月。

6. 自由時報。

附錄四 2005年臺灣文學年鑑基隆學者出版作品、報刊作品舉隅

一、一般書目

（一）小說

書　名	作　者	出　版	時　間
台灣縱貫鐵路	西川滿（著）黃玉燕（譯）	臺北：柏室科技	一月
食在凡間	朱振藩	臺北：聯合文學	五月
棋神物語	劉黎兒	臺北：商周	七月
金水嬸	王拓	臺北：九歌	九月

（二）詩

書　名	作　者	出　版	時　間
新詩體超十四招	蕭蕭	台北：二魚文化	五月
台灣現代文選：新詩卷	向陽編	台北：三民書局	六月
亂	向陽	臺北：聯合文學	七月
楊喚詩集	歸人編	臺北：洪範	八月

（三）散文

書　名	作　者	出　版	時　間
寫給福爾摩沙的信	東年	臺北：聯合文學	一月
北台灣漫遊／不知山徑指南	劉克襄	臺北：玉山社	二月
開拓文學沃土	蕭蕭	臺北：聯合文學	三月
東京滿喫俱樂部	劉黎兒	臺北：時報文化	五月
食家列傳	朱振藩	臺北：聯合文學	九月
終於直起來	紀蔚然	臺北：印刻	十一月

（四）劇本

書　名	作　者	出　版	時　間
影癡謀殺	紀蔚然	臺北：印刻	五月

二、報紙副刊作品分類選目

（一）小說

報社名稱	作　者	篇　名	時間（月、日）
中國時報	東年	俱樂部・臺北	01.01
自由時報	東年	初戀	01.23
聯合報	東年	捷運車站裡的綁架	01.29
中國時報	高大鵬	夢見海嘯：一個不該應驗的異夢	02.19
中國時報	王拓	土地公不見了	06.08
自由時報	王拓	鬼來了鬼來了	08.31
聯合報	王拓	中秋節的祭典	09.13
中國時報	歐陽林	阿珍的命運	08.20
中國時報	歐陽林	滄海何處	11.12

（二）詩

報社名稱	作　者	篇　名	時間（月、日）
中國時報	林煥彰	無題	01.09
中華日報	林煥彰	我只是打了個噴嚏	02.02
聯合報	高大鵬	大雪放歌：見三月降雪有感	03.12
台灣新聞報	向陽	海的四季	04.01
自由時報	林煥彰	詩是文學的家	05.03
聯合報	林煥彰	城市・生活	11.06

（三）散文

報社名稱	作　者	篇　名	時間（月、日）
中國時報	方梓	時間之門	01.29
中國時報	方梓	回溯崇拜	11.20
中國時報	朱振藩	四川菜還在嗎？	06.16
中華日報	蕭蕭	八卦，創始我的天地	07.05
中央日報	蕭蕭	濃濃的愛過的芬芳漂浮著	08.08

中華日報	蕭蕭	紫色的誘惑，垂掛的幸福	09.27
中央日報	蕭蕭	我們就在光之中	10.18
中國時報	蕭蕭	果真百果，果真猴探井	10.11
人間福報	蕭蕭	社頭逐鹿情	11.02
人間福報	蕭蕭	水中取食且呵石生水的人	11.23
中華日報	蕭蕭	林先生與彰化母親河	12.06
中華日報	蕭蕭	田尾：花卉的王國	12.20
中國時報	紀蔚然	為何打人	01.06
中國時報	紀蔚然	成語害人	01.20
中國時報	紀蔚然	再續孽緣	02.17
中國時報	紀蔚然	火車之戀	02.24
中國時報	紀蔚然	灰狗淒淒	03.03
中國時報	紀蔚然	和女兒一起考高中	03.10
中國時報	紀蔚然	撞球間	03.17
中國時報	紀蔚然	恐飛症	04.07
中國時報	紀蔚然	樂透兩種	04.21
中國時報	紀蔚然	陌生人的善意	05.12
中國時報	劉克襄	長葉腎蕨	01.03
中國時報	劉克襄	最後的呂赫若	01.20
中央日報	劉克襄	走路到知本：鼎東山線總站到溫泉村	12.05
中國時報	宇文正	討吉祥，鬥鬧熱	02.07
聯合報	宇文正	情字是至高無上的：著名詩人鄭愁予返國應聘東華大學駐校作家	03.17
聯合報	宇文正	我的西遊記	12.17
中華日報	宇文正	琦君的愛情與友情：杜甫介紹的一對冤家	12.18～24
中國時報	劉黎兒	日本暢銷作家的秘密	03.13
聯合報	劉黎兒	勝負的群像	07.06
聯合報	劉黎兒	純愛，純純的愛：日本純愛文學熱潮	07.10
中國時報	可樂王	多用成語	08.01
聯合報	蔣勳	知本十帖	10.08
中國時報	蔣勳	死亡美學種種	10.23

中國時報	蔣勳	海神呼嘯	11.13
中國時報	蔣勳	米諾安的戒子	11.22
台灣日報	陌上塵	港都夜雨	09.22
台灣日報	陌上塵	台灣少年之幼時記憶	11.30
中國時報	高大鵬	覺來無處追尋：王夢鷗先生逝世三週年紀念	09.20

（四）評論

報社名稱	作　者	篇　　名	時間（月、日）
中央日報	宇文正	永遠的童話：琦君的創作	12.26
台灣時報	蕭蕭	一條海天線，千萬風情種	04.11
台灣時報	蕭蕭	形象畫的寂寞	04.25
自由時報	蕭蕭	朝興村人翁鬧傳奇	11.05

（五）其他

報社名稱	作　者	篇　　名	時間（月、日）
中國時報	劉黎兒	25 年的創作人生：村上春樹談村上春樹	02.18
中國時報	劉黎兒	人性偵探：推理小說家東野圭吾專訪	06.23
自由時報	宇文正	宗教文學創作經驗座談會紀要：得獎作家，現身說法	07.03
聯合報	宇文正	我是讀您的書長大的：訪琦君	12.30

三、期刊

期刊名稱	作　者	篇　　名	時間（月、日）	頁　碼
臺灣詩學《吹鼓吹詩論壇》	蕭蕭	後更年期的白色憂鬱	9 月 1 期	36～37
臺灣詩學《吹鼓吹詩論壇》	向陽	亂序	9 月 1 期	24～27
九彎十八拐	林煥彰	曬衣服	7 月 2 期	8
誠品好讀	劉克襄	走路，是一種生活態度	5 月 54 期	46～48
台大文史哲學報	紀蔚然	故事該怎麼說？——重返三個犯罪現場	5 月 65 期	421～440
印刻文學生活誌	盧非易	事後再敘述的分場大綱：一種前設閱讀	12 月 28 期	130～133

四、兒童文學書目

文　體	書　名	作　者	報社名稱	日　期
論述	一個詩人的秘密	林煥彰（著） 鄭慧荷（繪）	臺北：民生報社	八月
圖畫書	小石頭大流浪	劉克襄	臺北：玉山社	十月
圖畫書	大鳥頭小傳奇	劉克襄	臺北：玉山社	十一月